Guide d'achat pour futurs parents

Julie Cloris

FIRST
Editions

ISBN : 978-2-7540-5305-1
Dépôt légal : août 2013
Imprimé en Italie

Mise en page : Graph'im 64
Couverture : Olivier Frenot
Édition : Audrey Bernard

Photos de couverture : bodys : © robert - Fotolia.com ; poussette : © Kitch Bain - Fotolia.com ; chaise haute : © Squared Studios ; lit à barreaux : © Dmitry Vereshchagin - Fotolia.com ; biberon : tonlammerts - Fotolia.com ; sac à langer : © morelia1983 - Fotolia.com ; thermomètre : © Europhoton - Fotolia.com ; babyphone : © Alexey Arkhipov - Fotolia.com.

Pictogrammes (ouvertures de chapitre) : © spiral media - Fotolia.com.

Éditions First-Gründ
60, rue Mazarine
75006 Paris
Tél. 01 45 49 60 00
Fax 01 45 49 60 01
E-mail : firstinfo@efirst.com
Sites internet : www.editionsfirst.fr – www.grund.fr

Sommaire

INTRODUCTION

•

La naissance d'un bébé est un bouleversement. Émotionnel, physique… et financier. Ce minuscule petit personnage va commander de longues réflexions, des doutes, des angoisses et du shopping. On n'accueille malheureusement pas un bébé sans s'y être un peu préparé.

Les futures mamans le pressentent, c'est généralement à elles que revient la tâche de choisir. Pour beaucoup d'ailleurs, elles ne laisseraient ce soin à personne, ni à leur mère, ni à leur belle-mère, ni même au papa. La confrontation des expériences montre qu'elles ne délèguent que le choix de la poussette et du siège auto à leur conjoint(e), et sans lui faire totalement confiance. Les amies déjà mamans sont interrogées, elles sont de bon conseil, les cousines aussi, quand elles ont eu la bonne idée d'être mères quelques années plus tôt. Les forums internet fourmillent de listes plus ou moins interminables. Les magazines spécialisés proposent des produits, voire les labellisent, consacrent des dossiers thématiques à tel ou tel objet, mais il faudra être abonné depuis un certain temps pour dresser une *shopping list* exhaustive. Souvent, c'est un plaisir ; parfois c'est une épreuve semée de doutes. C'est, en tout cas, une dépense importante.

Plus de 820 000 bébés naissent chaque année en France. Après l'Irlande, la France est le pays le plus procréateur d'Europe. Une terre d'or pour le secteur de la puériculture qui jouit d'une croissance constante, dans une économie pourtant en crise. Le marché de la « babylogistique » représente chaque année 3 milliards d'euros rien que pour l'hexagone et ce chiffre ne tient compte que du commerce du neuf. La manne des échanges en famille, en brocante ou dans les dépôts-ventes n'est pas calculée. Preuve que les acteurs de ce secteur sont gonflés d'assurance ? Le *hard-discount* n'existe pas pour les bébés. Et, à part quelques promotions ciblées dans les grandes surfaces, et des soldes maigrelets, difficile d'espérer faire des affaires.

Or des achats, il en faut pour que le monde d'un nouveau-né soit agréable et sécurisant. Point trop n'en faut, cependant, et peu de parents, déjà bien secoués par la naissance, osent défier les diktats des « spécialistes ».

Ce petit ouvrage d'une journaliste maman se veut un guide à un moment bien particulier de la vie de parents, le point O. Il propose des éléments pour discerner l'indispensable du superflu. Il n'est pas né d'une passion, qui aurait été bien étrange, pour l'équipement ménager, mais d'un regard las posé sur les nombreux objets prenant la poussière doublé d'un agacement à chaque nouvelle invention censée faciliter la vie des nouveaux parents.

La solitude du parent acheteur

Voici un test amusant et fort instructif à réaliser, aussi l'avons-nous renouvelé cinq fois pour les besoins de ce guide, tant à Paris qu'en petite couronne parisienne et en province. À cinq reprises, après avoir erré dans un magasin avec l'air un peu perdu, un vendeur ou une vendeuse, qu'on doit appeler « conseiller de vente », nous a abordé. « Je suis enceinte de trois mois de mon premier enfant, je voudrais avoir une idée de ce dont nous aurons besoin à sa naissance et je n'y connais rien, que me conseillez-vous ? » Aussitôt, la mécanique se met en émoi. « Vous avez raison de vous y prendre à l'avance, c'est mieux pour étaler les dépenses ». D'abord un lit, une table à langer solide, une table de nuit, une toise, un fauteuil de la même gamme. Pourquoi un fauteuil ? « Vous serez mieux pour allaiter, et ce sera plus joli si vous le coordonnez aux autres meubles. Les collections changent régulièrement, vous ne trouverez probablement plus ce modèle plus tard. Il faut penser au coussin de maternité aussi, je vous montrerai ». Et si je n'allaite pas ? « Pas de problème, on a tout ce qu'il faut pour les biberons ». Après vingt minutes à inspecter les différents modèles de baignoire, les capes de bain et autres protections anti-eau pour petit baigneur, les dispositifs bloque-capot de toilettes « quand il marchera » sans parler de l'hyper-indispensable poubelle tueuse d'odeurs – sans rire ! « Ah oui oui, c'est scientifiquement prouvé » – nous voilà au rayon des poussettes. Même un acharné des magasins pour enfants peine à s'y retrouver, alors une jeune maman hésitante… « Bon, la nacelle, ça dépend de vous. » Pourquoi, j'ai déjà l'air d'une montgolfière ? « Non, mais c'est conseillé sans l'être, ça dépend si vous roulez beaucoup en voiture ». Comment dire… je ne sais pas si on se baladera beaucoup au début. « Sinon il y a la coque, c'est bien aussi, c'est même mieux, mais il ne faut pas que l'enfant soit trop petit ». À ce stade de la conversation, bien que n'étant pas enceinte, un sentiment terrible de découragement m'a gagnée.

Quatre fois, l'expérience s'est soldée par deux pages recto-verso noircies de notes serrées. Et peu de réponses. La cinquième, la vendeuse s'est arrêtée sur des détails importants, demandant la taille de la salle de bains avant de proposer une baignoire sur pieds qui serait trop envahissante, ou les mensurations de l'ascenseur à défaut d'avoir un local à poussettes dans l'immeuble. Quant aux sièges auto, elle a eu la grandeur d'âme de s'exclamer : « Vous ne comprenez pas la différence entre le groupe 0+ et le groupe 0/1 ? C'est que je vous explique mal, on reprend ». Ô perle, sois-tu louée pour ton professionnalisme ! Une grossesse, c'est long, ça vous laisse le temps de dénicher une perle…

Un marché concurrentiel bien défini

Sans évoquer les chaînes de boutiques de vêtements pour bébés et enfants, qui se multiplient et s'étendent, il s'ouvre chaque année dans l'Hexagone de nouveaux et très grands magasins de puériculture. On en trouve dans chaque grande zone commerciale en périphérie des agglomérations, dans les centres-villes, ainsi que sur des surfaces plus réduites à proximité, comme c'est bien vu, des maternités et des pôles de naissance.

Quatre enseignes captent l'essentiel du marché, elles ont plus de 30 ans. Aubert est la plus importante, avec près de 210 magasins en France métropolitaine. Le groupe a été lancé en 1931 à Cernay, à 15 km de Mulhouse, par monsieur Aubert. Le groupe pilote des magasins de destockage où trouver d'anciennes collections. Les « Bébé Dépôt » sont installés dans certains villages de magasins d'usine.

Viennent ensuite le duo New Baby et Autour de Bébé. Le groupe Sagam a ouvert le premier magasin New Baby en 1984 à Lens, et son premier Autour de Bébé en 1993. À elles deux, ces marques disposent de 184 magasins en France, et font site internet commun depuis 2013. Leur chiffre d'affaires s'élevait à 165 millions d'euros en 2007. Depuis, l'entreprise, en bonne santé, ne communique plus ses chiffres. Selon le réseau des franchises, le chiffre d'affaires attendu par magasin est d'un demi-million d'euros.

Bébé 9, avec ses 166 magasins en 2013, est le troisième. Le groupement bordelais France maternité a lancé en 1965 une coopérative de magasins associés, non des franchises, qui marche bien : 184 millions d'euros de chiffre d'affaires en 2011-2012.

Certes, après avoir connu une forme insolente, ces magasins voient depuis deux ans leur fréquentation baisser et les ventes se calmer légèrement.

Le cabinet d'études Xerfi Research a estimé que les marchés de la puériculture, de la layette et du jouet avaient généré en 2010 un chiffre d'affaires de 2,7 milliards, en hausse de 1,2 % par rapport à l'année précédente. Deux ans après la crise de 2008, qui n'a pas vraiment touché le secteur de la petite enfance, c'était un résultat encourageant.

Si, dans le même temps, le marché de la « seconde main », qui réunit les prêts, les dons et l'occasion, a augmenté de 40 % (depuis 2009) pour la grosse puériculture, et de 5 % pour la petite, son impact est à relativiser. Ainsi pour les appareils cuit-vapeur mixeurs, selon la marque Béaba qui détient 70 % des parts de marché, c'est même une niche très marginale : seul 1,5 % de la totalité des robots vendus ne sont pas neufs.

Les prévisions de ce commerce restent donc dans le vert, grâce à la bonne santé du taux de natalité en France – 12,6 pour mille – et à des réflexes ancrés. Si l'on achète toujours beaucoup pour l'arrivée d'un bébé, surtout le premier, le mode de consommation évolue peu à peu. En témoigne ce nouveau réflexe de la liste de naissance. Comme pour un mariage, les futurs parents peuvent dresser une liste des objets, appareils et vêtements dont ils auront besoin et envie, du meuble à langer au bavoir brodé en passant par le thermomètre et la baignoire. Ainsi les familles et les amis participent-ils à l'équipement de la nurserie. Résultat identique, pour le bébé, facture moins douloureuse pour les parents. Chez Bébé 9, par exemple, il s'ouvre plus de 30 000 listes par an, surtout dans le Sud de la France.

Comment réduire la dépense ?

C'est l'objet même de ce guide : vous aider à faire le tri entre l'indispensable et le facultatif. Chaque fois qu'il est possible d'utiliser un objet ou un appareil d'occasion, nous vous le signalons. Dès lors que vous partagerez le secret de votre grossesse avec votre famille et vos amis, vous verrez que vos cousines ou vos amies qui ont eu des enfants feront spontanément la liste de ce qu'elles pourraient vous prêter ou vous donner dans les mois qui suivent. De tout temps, cela a fonctionné pour les vêtements.

Le « marché de seconde main » qui réunit les prêts, les dons et les ventes d'occasion, progresse rapidement en France. Il porte sur tous les objets, essentiellement les porte-bébés, les chaises hautes, les baignoires et les transats. Les seuls objets que vous devez acheter neufs sont le matelas du lit principal de votre petit et ses biberons. Tout le reste se lave soigneusement. Si la gigue hormonale vous rend hésitante, si vous avez envie de tester avant d'acheter, ou juste pour les vacances, il existe enfin la solution de louer le nécessaire. En tapant « louer lit de bébé » dans votre moteur de recherches, vous aboutirez d'un clic sur une liste d'opérateurs qui tous proposent, à des tarifs variables selon la durée, un lit, un siège auto, une poussette. Les plus importants ont organisé des lieux relais pour retirer et rendre votre commande.

Au printemps et en été, vous pouvez également écumer les vide-greniers à la recherche d'un parc ou d'une chaise haute, on en trouve régulièrement des jolis assez peu utilisés. Pensez-y aussi si les grands-parents de ce futur enfant souhaitent s'équiper pour le garder un peu. Un coup d'œil sur des sites internet de ventes entre particuliers est une autre piste.

Présentation

Chaque page détaille le produit, s'il est indispensable, évitable ou inutile, s'il peut être acheté d'occasion, et précise une durée moyenne d'utilisation et une gamme de prix, parfois des anecdotes, une astuce d'entretien.

Si certaines marques sont identifiables par leur histoire, elles ne sont pas citées, par choix de n'en favoriser aucune, et de laisser leur libre-arbitre aux parents et futurs parents.

LA CHAMBRE ET LE MOBILIER

Dédiée au repos, la chambre de votre enfant (ou son espace de sommeil) doit être un lieu calme. Bannissez – pour le moment – les couleurs criardes, les peluches pendues au plafond. Évitez moquettes, lourds rideaux synthétiques et vieux tapis, nids à poussières et à acariens. Si vous faites les peintures et le parquet avant la naissance, veillez à terminer votre chantier deux mois avant la naissance et à aérer quotidiennement pour évacuer les composés volatiles organiques. Et si vraiment vous vous lancez dans un gros chantier et que vous changez la fenêtre, pensez au double vitrage.

Une astuce, enfin : huilez les charnières de la porte avec une burette, ce serait trop bête que le crissement des gonds fasse bondir votre bébé après une heure de maternage pour l'endormir.

Un lit à barreaux

Indispensable
Durée de vie : de la naissance à 2 voire 3 ans, réutilisable
Prix : à partir de 60 € et jusqu'à 965 €

C'est le premier objet auquel penser. Si le design varie, allant de la verticalité sobre aux entrelacs de princesse, la taille est standard, 65 x 125 cm, et tous les modèles récents disposent de trois hauteurs pour abaisser le sommier et le matelas à mesure que l'enfant grandit. Les barreaux doivent être espacés de 4,5 à 6,5 cm, de sorte que l'enfant ne puisse pas sortir mais ne se coince pas la tête. Inutile de prendre votre double-décimètre, il est extrêmement rare en France de trouver des lits-cages qui ne soient pas aux normes (norme européenne NF EN-716 et norme française NF S 54-002).

Qu'il soit neuf ou d'occasion, privilégiez un modèle solide qui ne basculera pas au premier mouvement brusque de l'enfant. Pour tester sa résistance, secouez vigoureusement le lit.

Certains lits à barreaux sont équipés d'un tiroir bien utile pour ranger les turbulettes et les couvertures ainsi que la réserve de couches.

D'autres ont des roulettes, que vous utiliserez moins pour promener ou bercer bébé que pour récupérer le doudou tombé ou passer l'aspirateur.

D'autres, enfin, sont évolutifs, ils permettent d'accompagner l'enfant jusqu'à ses 10-12 ans. Si vous êtes tentés, optez plutôt pour un modèle sobre. À 9 ans, votre bébé chéri n'aura plus très envie de son lit coccinelle…

Si vous souhaitez repeindre un lit de famille, utilisez une peinture écologique. Et préférez le pastel : plus un enduit est pigmenté, plus il est riche en composants néfastes au bébé.

Astuce : pensez à monter le lit, ou sortir les éléments des cartons, dix semaines avant l'arrivée du bébé. Ainsi les composés organiques volatiles, les « COV », et les antifongiques auront-ils eu le temps de s'évaporer.

Un matelas

Indispensable
Durée de vie : 2 à 3 ans
Prix : de 40 à 145 €

En matière de sommeil, le matelas est au confort ce que le lit à barreaux est à la sécurité : indispensable. Le tout-petit va y passer environ 16 heures sur 24 les premiers mois. Puis, à partir de 5-6 mois, y savourer des nuits continues de 10 à 12 heures. Du moins, on vous le souhaite ! Pour que son sommeil et le vôtre soient de bonne qualité, il faut tout d'abord choisir un matelas neuf. Pas de récup' en la matière, pour des raisons d'hygiène, même entre frère et sœur. La taille doit être celle du lit, le standard est 60 × 120 cm.

L'épaisseur importe peu, mais la densité doit varier entre 20 et 22 kg/m^3 pour bien soutenir le corps de l'enfant. Le latex est plus cher que la mousse, il n'est pourtant pas plus porteur. Privilégiez également les housses ayant bénéficié d'un traitement anti-acariens sans tomber dans l'excès du coutil à l'aloé vera censé adoucir la peau de bébé. Il faudrait que les molécules traversent les barrières textiles des draps, turbulette et pyjama ! La peau de votre bébé n'a pas besoin de ça pour attirer les baisers.

Astuce : en cas de fuite de couche ou vomi, lavez et séchez le matelas à plat. À la verticale, les saletés et l'humidité dégoulineraient vers le bas, souillant un peu plus le tissu. Saupoudrez les taches humides lavées à l'eau tiède de terre de Sommières. Quand la terre est sèche, nettoyez à l'aspirateur.

Le couffin

Pratique
Durée d'utilisation : 5 à 6 mois selon la taille du bébé, réutilisable
Prix : de 75 à 120 €

C'est l'autre argument des vendeurs de cale-bébé : un nourrisson a besoin de se sentir entouré pour revivre inconsciemment la sécurité de la position fœtale *in utero*. Certes. Mais n'exagérons pas. En tant que parent, vous serez rapidement partagé entre offrir le cadre le plus confortable à votre enfant et l'accompagner sur ce chemin inéluctable qui le poussera à grandir. Même un tout petit bébé.

Pour offrir un entre-deux douillet à votre enfant, vous pouvez vous procurer un couffin. En osier souple, on appelle ce nid « Moïse », d'après la Bible, comme la corbeille dans laquelle sa mère déposa Moïse flottant sur le Nil pour le sauver du massacre ordonné par Pharaon. D'autres modèles, rigides, parés d'une doublure de tissu, conviennent aussi. Ils ressemblent à la nacelle de voiture (voir page 107).

Ce couffin fera office de lit les premiers mois. En fonction des choix que vous ferez, il pourra être posé à même le sol dans la chambre de ses parents, à portée de bras pour le nourrir. Il peut vous suivre en vacances, chez des amis. Attention toutefois, il n'offre aucune sécurité lors des transports en voiture.

Astuce : ne posez jamais le Moïse par terre dans la rue – lorsque vous videz votre voiture par exemple – dans un lieu public, ou sur un sol mouillé. L'osier est une matière végétale absorbante, bien trop difficile à nettoyer.

Le plan incliné pour le lit

Utile, voire indispensable
Durée d'utilisation : 1 à 2 ans, réutilisable
Prix : de 23 à 60 €

« Gagner quelque hauteur pour respirer et dominer », écrivait Jules Renard. Le plan incliné, bêtement appelé « inclinateur » par les professionnels, est l'allié des petits. Qu'ils souffrent de remontées acides piquant le fond de la gorge ou d'un nez bien bouché, cet accessoire qui se place sous le matelas (et non sous le drap-housse) surélève d'environ 15 degrés la tête de l'enfant. N'imaginez pas votre enfant plié en deux : vu du dessus, on remarque à peine que le matelas n'est pas à plat.

En respectant la pente physiologique, ce support dégage ses voies respiratoires des petites régurgitations de lait et favorise la digestion. À condition que Zébulon, tel un escargot, ne s'enroule pas sur lui-même au pied de son lit.

Choisir de préférence un modèle de 55 cm de large qui relèvera toute la largeur du matelas. N'optez pas pour l'économie qui consiste à mettre deux briques sous les pieds du lit, vous rendriez le tout instable, et donc dangereux. N'optez pas non plus pour un oreiller dont la souplesse pourrait cambrer le matelas. Votre bébé ne dormirait plus sur une ligne plane, comme le recommandent les pédiatres, mais susceptible d'onduler selon le poids de votre enfant.

Astuce : quand vous aérez et retournez le matelas, faites de même avec le plan incliné.

Le cale-bébé pour le lit

Inutile, ou presque
Durée d'utilisation : 2 mois, réutilisable
Prix : de 25 à 45 €

On parle bien ici du cale-bébé pour tenir le bébé dans son lit, non du cale-tête pour les crânes plats ou déformés (que seul un pédiatre pourra recommander à votre enfant pour traiter une plagiocéphalie).

L'argument imparable des vendeurs pour vous faire acheter un cale-bébé – un boutis de coton muni de boudins souples à scratch – avant même de savoir si le vôtre sera un petit gigoteur, joue sur une peur fondamentale : le syndrome de mort subite du nourrisson ou SMSN. Et de vous expliquer que seul un cale-bébé maintiendra votre nourrisson sur le dos, position que les spécialistes désignent unanimement comme idéale pour la sécurité du bébé. Mais si la plupart des pédiatres ne sont pas favorables à cet achat, c'est parce que les bébés dorment majoritairement sur le dos sans difficulté, et qu'il n'est pas besoin de les entraver, au risque qu'ils se coincent et suffoquent.

La mort subite et inexpliquée du nourrisson, qui représente encore 400 décès par an en France, à rapporter aux 820 000 naissances annuelles, a considérablement baissé depuis que l'on couche les bébés sur le dos. Troisième cause fatale dans la première année de vie, elle intervient le plus souvent entre 2 et 4 mois. Si la cause exacte demeure inconnue, la recherche a progressé en déterminant plusieurs facteurs. Selon une récente étude multidisciplinaire de la faculté de médecine de l'université de Strasbourg, elle serait notamment provoquée par une sur-stimulation du nerf vague, qui ralentirait le rythme cardiaque en produisant trop d'acétylcholine. Des travaux scientifiques ont permis d'identifier aussi le rôle joué par la sérotonine, un neurotransmetteur.

À ce jour, la médecine ne connaît ni système de dépistage, ni remède mais elle a déterminé des facteurs de risque, donc des moyens de prévention. Peuvent ainsi accroître le risque de mort subite du nourrisson :

- Le tabagisme pendant la grossesse. Non, ce n'est pas pour abuser de son pouvoir que votre gynécologue vous fait les gros yeux quand il apprend que vous dépassez les bornes, mais parce que les statistiques le démontrent cruellement : plus une femme fume pendant sa grossesse et plus le risque de SMSN croît.

- Les atmosphères trop chauffées. La température dans la chambre de bébé peut varier entre 15 et 19 °C maximum.
- Le sommeil sur le ventre, d'où cette préconisation dans de nombreux pays de faire dormir les nouveau-nés sur le dos.

Si vous remarquez que votre enfant dort avec la tête toujours sur le même côté, réfléchissez à ce qui attire son attention ? La porte d'entrée de la chambre, par laquelle il vous aperçoit quand il est réveillé ? Un jouet, un objet de décoration ? Dans ce cas, tournez régulièrement son lit, tête-bêche, pour qu'il tourne le regard de l'autre côté et que la pression sur les os mous de son crâne soit mieux répartie.

Astuce : si le bébé est tout petit et qu'il a besoin d'être confiné pour être rassuré, allongez-le dans la largeur de son lit.

Le linge de lit

Indispensable
Durée d'utilisation : 2 à 3 ans, réutilisable
Prix : de 70 à 200 € au total

Prévoyez 2 draps-housses, 2 alèses et 1 tour de lit.

Pour protéger le matelas des salissures, une alèse est indispensable, on ne peut se contenter de doubler le drap. On oublie la peau de plastique qui va faire transpirer l'enfant. Le mieux est un modèle respirant, c'est-à-dire une alèse « double face », légèrement caoutchouteuse d'un côté, en coton à bouclettes très doux de l'autre. L'alèse sera à bonnets élastiques pour bien tenir au matelas.

Le drap-housse est indispensable par-dessus, il sera en coton, lui aussi bordé d'élastique pour éviter les plis désagréables.

Le tour de lit, qui évite que le bébé ne se coince la tête dans les barreaux, ou ne se torde les bras, doit être entièrement lavable ou déhoussable. À chacun ses goûts pour la couleur et le motif, mais on se lassera certainement moins d'un modèle sobre que de la savane ou du super-héros du moment. Pensez aussi que le tour de lit n'est pas un tapis d'éveil, des accessoires rigolos détourneraient bébé de son sommeil.

Ni oreiller ni couette, « rien de moelleux » comme disent les autorités de santé canadiennes, que l'enfant pourrait se mettre sur la tête ou écarter dans la nuit.

Astuce : des draps blancs ne perdront pas leur couleur si vous devez les tremper dans l'eau de Javel.

Une table à langer ou un plan à langer

Indispensable
Durée d'utilisation : jusqu'à 3 ans au moins, réutilisable
Prix : de 25 à 350 €

Sachant qu'on change un enfant six à huit fois par jour au début, il semble impossible de contourner cet achat. La première année, le poids de l'enfant va plus que doubler, il faut donc que cette table soit d'abord et avant tout solide. On en trouve des très simples dans les grandes surfaces, des très compliquées dans des enseignes à la mode ou sur Internet, en coin pour les angles, en rond, design, en plastique, en bois.

Dans une petite pièce, on peut aussi s'adapter : une commode large pourra accueillir un plan à langer amovible, structure en bois dotée de planches latérales qui maintiennent le matelas.

En revanche, une planchette posée sur des tréteaux n'offre ni la solidité ni la stabilité nécessaires. Quant à la serviette déroulée sur le lit de papa et maman, elle vous garantit un tour de reins.

Veillez à ce qu'il y ait des rangements à portée de main pour placer couches, coton, lait, brosse à cheveux et quelques petits jouets pour occuper l'enfant. Une bonne idée à chiper aux crèches : les puéricultrices suspendent des jouets légers à des rubans élastiques au-dessus des enfants pour que leur attention soit attirée face à vous et non sur les côtés.

Astuce : si vous êtes plus grand que la moyenne, choisissez un meuble haut ou rehaussez-le afin de préserver votre dos.

Un meuble de rangement

Indispensable
Durée d'utilisation : jusqu'à ce que ses goûts s'affirment, réutilisable
Prix : à partir de 70 € en fonction du meuble

Si petit et déjà débordé... Oui, l'enfant a besoin d'un meuble assez grand pour stocker sa garde-robe. Il y en a beaucoup à ranger : bodys, pyjamas, chemisiers, chaussettes, collants, combinaisons, manches longues, manches courtes... Au nécessaire que vous achèterez, idéalement dans plusieurs tailles si votre enfant grandit très vite, s'ajouteront les cadeaux de vos proches et le stock de couches.

Commencez par regarder attentivement votre mobilier : n'y a-t-il pas déjà chez vous un meuble qui pourrait faire office ? Pour les petits, des étagères et/ou de grands tiroirs coulissant facilement suffiront ; inutile de vouloir une armoire à tringle, vous n'aurez pas grand-chose à suspendre.

À vous de choisir le style en fonction de la décoration que vous voulez pour votre enfant. Vous pouvez aussi fouiller les vide-greniers, à la recherche d'un meuble de caractère qui ne fasse pas trop *nursery baby*.

Si vous préférez un meuble neuf, et que vos moyens ou l'espace sont limités, achetez une commode sur laquelle vous fixerez un plan à langer.

Astuce : si le meuble est neuf, il doit être monté ou sorti de son carton dix semaines avant le retour de l'enfant, pour que les composés chimiques s'évaporent. Idem si vous repeignez un vieux meuble.

Une lampe ou veilleuse

Indispensable
Durée d'utilisation : 3 à 4 ans
Prix : de 15 à 100 €

Imaginez : comme toutes les nuits depuis votre retour de la maternité, vous vous levez pour donner à manger à votre bébé. Le sommeil est un luxe, ces temps-ci, et la fatigue vous guide sur un chemin vertigineux. Bing, votre orteil droit bute contre un coin de meuble, vous arrachant un cri douloureux. Posée au sol, près de la porte, une lampe à la luminosité modérée est idéale pour se repérer dans la pénombre sans menacer la rétine de son enfant. Elle est tout aussi utile en quittant la chambre. Ce serait tellement dommage d'amocher une fois encore, bruyamment, vos orteils alors qu'il vous a fallu 30 minutes pour rendormir votre petit ange…

Le choix est vaste et charmant, un lapin, un champignon aux rondeurs bienveillantes, un faon aux traits délicats, un fantôme à ailes d'ange, etc. Votre enfant s'y attachera. Certains modèles ajoutent à la poésie un témoin de charge de la batterie. Si vous préférez une loupiotte discrète, faute de place, une petite veilleuse de poche fichée dans la prise électrique suffira. Certains modèles émettent des ultrasons assez efficaces pour éloigner les moustiques.

Achetez-la avant d'accoucher, vous l'emporterez à la maternité (voir la liste pour la maternité).

Astuce : les ampoules de ces lampes sont difficiles à trouver et souvent chères. Vous pouvez les remplacer par un modèle pour réfrigérateur, d'une puissance de 15 watts, qui ne chauffera pas le plastique.

Le transat

Utile
Durée d'utilisation : 8 mois environ, parfois plus, réutilisable
Prix : de 50 € à 130 €, moins cher d'occasion

La vie de parent est épuisante et votre petit a beau être le plus beau du monde, vous n'aurez ni la possibilité, ni l'envie de l'avoir à tout moment dans les bras. Il y a bien son lit, pour les siestes, ou un tapis sur lequel il pourra rester allongé quelques minutes sans risque quand vous devrez vous absenter brièvement (pour une pause pipi par exemple), mais ça ne suffit souvent pas.

Dans un transat (jusqu'à 1 h 30 par jour maximum, préconisent les pédiatres), votre bébé sera en sécurité grâce au harnais. Il y prendra goût, découvrant son petit monde avec avidité, les couleurs, les objets, les mouvements.

Préférez un modèle inclinable avec plusieurs positions.

Inutile de choisir une coûteuse balancelle électrique. Ces objets, aussi encombrants qu'inesthétiques, reproduisent le bercement apaisant des bras ? À moins d'avoir un nourrisson particulièrement nerveux et de rêver, vous, d'un petit coup de main, la fonctionnalité qu'offre une balancelle électrique par rapport à un transat ne mérite pas les 180 ou 200 € facturés. D'autant que les enfants ne doivent pas dormir dedans.

Astuce : posez un lange propre sous la tête de bébé dans son transat, vous le laverez régulièrement et en cas de régurgitation.

Le parc

Utile
Durée d'utilisation : (à partir de 4-5 mois) 1 an environ, réutilisable
Prix : de 90 à 170 € pour un parc neuf, moins d'occasion

Soyons franche, tant que l'on ne voit son enfant qu'en noir et blanc sur l'écran du docteur, l'idée que l'on se fait d'un parc est terrible. Barreaux = prison, parc = confort ultime des parents, au même titre que les dessins animés à la télé le dimanche matin. Et d'imaginer votre pauvre petit, la mine triste et le nez mouillé, piteusement abandonné au milieu de cet espace inhospitalier… Halte aux idées reçues ! Si votre enfant a apprécié le transat, viendra le moment où un parc offrira la même sécurité en mouvement. Dès l'âge de 4-5 mois, les kinésithérapeutes suggèrent de poser bébé à l'horizontale, au sol ou sur une surface ferme, sur le ventre ou le dos, pour lui permettre de jouer des jambes et des bras dans ces gestes débordants qui lui apprennent la motricité. Entouré de quelques jouets, votre enfant pourra balancer, étirer, triturer sans risque. Vers 6-7 mois, il commencera à se retourner et à attraper ses pieds. Vous pourrez vous doucher sans crainte.

Le parc que vous choisirez doit être un modèle à fond rigide et stable, réglable en hauteur si possible. Il sera à barreaux et non en filet pour que l'enfant se hisse peu à peu debout en tirant sur ses bras et en s'aidant des montants. Et, évidemment, il ne passera pas toute la journée dans son parc.

Astuce : quand vous passez l'aspirateur dans le salon, faites de même au fond du parc pour enlever poussières et cheveux.

Un babyphone

Pratique
Durée d'utilisation : quelques mois et à l'occasion, réutilisable
Prix : 40 à 250 €

Si vous conservez en mémoire vos jeux de grands enfants, à piquer le babyphone du petit cousin pour en faire un *talkie-walkie*, vous risquez un choc. Cet appareil destiné à écouter ce qui se passe dans la chambre des enfants peut désormais rivaliser avec votre ordinateur. Multiples canaux de réception, émetteurs anti-ondes pour protéger le cerveau de bébé, vibreur, écran vidéo, capteur de température et de mouvement… voilà plus qu'il n'en faut pour savoir en temps réel tout ce qui se passe dans la chambre de votre enfant. Mais est-ce vraiment utile ?

Si vous habitez dans un appartement, un babyphone n'est pas indispensable. En tant que parent, vous allez développer dès sa naissance une oreille supersonique décodant jusqu'aux soupirs de votre enfant. N'ayez donc pas la crainte de vous enfouir trop profondément dans les bras de Morphée. C'est même l'inverse qui risque de se produire : c'est quand vous ne l'entendrez plus soupirer ou faire des petits bruits de bouche que vous sursauterez.

En revanche, si vous résidez dans une maison assez grande ou avec un jardin, l'émetteur-écouteur vous permettra de vaquer à vos occupations la voix de bébé en poche. De même, si vous partez pour un week-end dans une gigantesque masure, ou lors d'une fête, lorsque votre enfant dormira à l'écart, le babyphone peut être utile. Il n'existe pas de norme fixant le niveau d'ondes émis par ces appareils. Choisissez le meilleur rapport entre faible émission d'ondes et prix.

L'ALIMENTATION

C'est finalement le sujet qui occupera le plus vos pensées. Pourquoi réclame-t-il sans cesse ? Au contraire, pourquoi ne mange-t-il pas ? Comment être certain qu'il a bu suffisamment alors qu'il est allaité ? Combien de temps attendre entre deux repas ?

Ces montagnes de petits détails conduiront à des questions lancinantes sur le goût, l'appétit et l'avenir de votre enfant.

Alors si l'on peut vous aider à atténuer les premières interrogations, et vous guider sur ce qu'il faut avoir en cuisine, cette étape sera, on l'espère, moins entêtante.

De l'indispensable au futile…

Coussin de maternité ou d'allaitement

Superflu
Durée d'utilisation : quelques semaines, réutilisable
Prix : de 30 à 90 €

L'argumentaire commercial trouve mille raisons pour vous vendre un coussin d'allaitement, mais vous avez à la maison de quoi faire tout ce qu'il vous propose.

Désormais appelé coussin de maternité pour séduire aussi les mamans qui n'allaitent pas, le coussin d'allaitement s'invite dans la panoplie de la grossesse. Certaines futures mamans trouvent un grand réconfort à dormir bien calées dessus. À l'hôpital également, on peut vous en apporter un pour faciliter l'allaitement. Certaines sages-femmes, plus pro-sein que biberon, n'hésitent pas à vous dire que cette sensation de morsure et ces picotements lorsque le bébé commence à téter disparaîtront si vous le placez dans la bonne position. C'est en partie vrai. Et avec leur aide, le coussin se place idéalement. Sauf qu'une fois qu'elles ont quitté la chambre, cette housse remplie de minuscules billes de polystyrène ne cesse de s'échapper, de s'affaisser ; à vous de vous battre avec lui pour le regonfler, d'une main ou du coude parce que l'autre tient le petit Jésus. Et la bouche du bébé tire de plus belle. Un oreiller ou un traversin plié en deux ferait aussi bien l'affaire.

On vous dira qu'après la tétée, bébé a besoin de rester calmement dans le coussin, la tête surélevée pour bien digérer ? Tous les bébés du monde préféreront vos bras. Ou reposeront bien calés sur un large coussin carré.

Astuce : si vous craquez, prenez un modèle dont la housse se lave au minimum à 60°.

En cas d'allaitement

Quelques accessoires pour maman

Indispensables
Durée d'utilisation : de la durée de l'allaitement
Prix : de 20 à 70 € pour un soutien-gorge

Sans ouvrir un débat qui n'a pas lieu de l'être ici, le choix d'allaiter ou non étant intime et indiscutable, l'allaitement ne nécessite ni biberon, ni lait en poudre... La seule dépense, indispensable, tient plus au confort de la maman. Tout d'abord des soutiens-gorge d'allaitement dont seuls les bonnets se dégrafent. N'en achetez que deux avant la naissance, de la taille supérieure à celle que vous portiez au dernier mois de votre grossesse. Attendez de voir le volume de vos seins dix jours après la montée de lait pour ajuster taille et quantité. C'est Internet qui offre le plus grand choix, car les enseignes ayant pignon sur rue et les grandes surfaces ne proposent qu'un ou deux modèles chacune. N'espérez cependant pas la fantaisie habituelle.

À cette lingerie s'ajouteront des coussinets d'allaitement pour parer aux fuites de lait sur les vêtements. Il existe des modèles en tissu lavable mais c'est un peu comme les serviettes hygiéniques : sommes-nous prêtes à renoncer à un vrai progrès pour les femmes ? On trouve ces petits disques en pharmacie et en grande surface. Choisissez le diamètre le plus large. Les plus étroits, une fois gonflés de lait, vous feraient une impression et une silhouette désagréables.

Astuce : évitez les soutiens-gorge à aimants, ceux-ci risquent de se détacher comme un jouet « pop-up » lorsque vos seins seront gorgés de lait. Comique la première fois.

Un tire-lait

Si besoin
Durée d'utilisation : de la durée de l'allaitement
Prix : de 40 à 130 € à l'achat, 50 € par mois (remboursés) à la location

Elle est parfois loin l'image d'Épinal du joli bébé tétant avec bonheur le sein d'une maman ravie de le donner. À moins d'avoir des seins en béton, ou une motivation à toute épreuve, les premiers temps de l'allaitement sont douloureux. Son nom seul donne des frissons, mais le tire-lait peut être conseillé pour favoriser la lactation, la cicatrisation d'une poitrine crevassée, ainsi qu'en cas de séparation mère-enfant, pour des naissances multiples, ou aux mamans qui reprennent le travail mais veulent poursuivre l'allaitement. Ou bien vous faites partie de ces futures mères chanceuses dont le conjoint veut s'impliquer.

Cet appareil, manuel ou électrique, extrait le lait en reproduisant la succion du bébé, à un rythme régulier. Expliqué ainsi, ça ne donne toujours pas envie, mais vous ferez pour votre bout de chou des tas de choses qui vous semblent aujourd'hui incroyables !

Les tire-lait manuels sont généralement petits et transportables, mais quel travail ! Répéter le geste d'aspiration pour remplir tout un biberon peut vite s'avérer fatigant. Alors six par jour… En outre, votre main ne peut imiter le rythme d'aspiration-déglutition de l'enfant, à l'inverse des appareils électriques qui sont réglés dans ce but. Le tire-lait manuel convient donc à une utilisation irrégulière, un modèle électrique pour un usage à plein temps. Les plus sophistiqués ont plusieurs vitesses, mais il est déconseillé de les utiliser plus de 15 minutes d'affilée au risque d'affaiblir la poitrine en pompant et vidant violemment les canaux lactifères.

Avant de choisir, demandez conseil à la sage-femme qui vous dispense les cours de préparation à l'accouchement, à celle qui éventuellement vous suivra en hospitalisation à domicile, voire en passant un coup de téléphone à la Leche League. Ne vous précipitez surtout pas au supermarché pour en acheter un, allez plutôt à la pharmacie ou sur Internet pour vous renseigner sur la location, ou contactez le lactarium le plus proche de chez vous. Louer un tire-lait permet non seulement de changer de modèle si celui que vous avez choisi ne convient pas, mais aussi de se faire rembourser le coût de la location (65 % par le régime de Sécurité sociale, 35 % par les mutuelles). Choisissez donc un « loueur » qui respecte le tarif conventionné.

Astuce : pour vous faciliter la vie, vérifiez qu'un maximum de pièces passe au lave-vaisselle avant de choisir votre tire-lait.

Des biberons

Indispensables
Durée d'utilisation : plusieurs années, pas réutilisables
Prix : à partir de 2,95 € et jusqu'à 20 €

La principale question qui vous hantera lorsque votre enfant sera né portera sur le rythme de biberons à lui donner pour qu'il mange à sa faim. D'ici là, il va falloir choisir cet objet parmi tous ceux que les fabricants proposent.

On a longtemps cru que le biberon existait déjà à l'Antiquité. On sait depuis moins de dix ans, grâce aux recherches de quelques archéologues, que les flacons d'alors, en terre ou en verre, tenant dans la paume et munis d'un bec, étaient des tire-lait. Les premiers contenants servant à nourrir directement l'enfant – des cornes de vache percées – datent du Moyen Âge. Du XVIIe au XIXe siècle, on utilise des « scroles » pour nourrir l'enfant, un objet entre cuillère, tastevin et lampe d'Aladin. Les tétines font leur apparition au XIXe siècle. Les premiers mamelons artificiels sont faits d'ivoire ou d'os montés sur des bouchons de liège ou de buis. Incroyable histoire dont on ne se doute pas en restant bouche bée d'hésitation devant le catalogue de biberons aujourd'hui en vente. Lequel choisir ? Depuis votre propre enfance, le biberon a changé, de forme, de taille, de matériau. Si le verre a refait une petite percée quand les premiers doutes ont surgi sur la toxicité du bisphénol A, le biberon en plastique s'est imposé comme le plus pratique. Depuis juin 2010 en France, les fabricants ne peuvent plus utiliser de bisphénol A pour stabiliser leur plastique, ce risque est donc écarté si vous ne réutilisez pas les biberons d'un grand frère.

Comme d'autres, le cours du biberon suit des modes, du modèle imitant le sein maternel à la valve anti-coliques. Rien ne permet d'affirmer que le premier trompera parfaitement votre bébé si vous alternez sein et biberon, et l'expérience démontre qu'un enfant nourri avec le second avale moins d'air. Sans rejeter ces petits coups de pouce, sachez qu'une bouteille triangulaire tient mieux en main, qu'un flacon cylindrique est plus facile à nettoyer, de même que le verre qui se rayera moins mais sera plus lourd et fragile, que les diamètres plus larges sont certes agréables dans une main d'adulte mais plus hasardeux pour celles de l'enfant et que le biberon coudé – qui évite au bébé d'avaler trop d'air – est aussi pénible à laver qu'à ranger. En tenant compte de ces détails, lancez-vous, car aucune marque ne détient le modèle parfait, mais pas une ne vend le biberon imparfait.

Quelle tétine choisir ? Chaque marque s'arrange pour que les tétines soient difficilement interchangeables, au moins jusqu'à 6 mois. Vérifiez tout d'abord qu'elles sont frappées de la norme 90/128/CE. Pour un prématuré ou un petit bébé, les tétines en caoutchouc de couleur ambrée sont plus molles et faciles à actionner. Pour des plus costauds, le silicone translucide s'abîme moins avec le temps.

Les trous excentrés évitent qu'un flot de lait arrive dans la gorge et n'étouffe le bébé. Quand vous sentirez votre enfant se fatiguer à boire, ou s'énerver (par exemple en donnant des petits coups sur le biberon), il sera temps de passer à un débit supérieur, soit en achetant une tétine avec des trous plus larges, soit en les agrandissant au moyen d'une aiguille chauffée à la flamme. Les tétines à vitesses permettent aussi d'y remédier, il suffit de placer le symbole sous le nez de l'enfant.

Combien en avoir ? Au temps de la stérilisation systématique, les pédiatres conseillaient d'acheter sept biberons. Commencez par un exemplaire, car vous pouvez tâtonner un peu. Prenez un flacon gradué, allant jusqu'à 270 ml au moins. De moindre contenance, vous ne l'utiliseriez pas longtemps. Quand vous aurez le sentiment d'avoir trouvé votre bonheur, achetez-en un ou deux autres. Partant du principe qu'on laisse rarement un biberon sale traîner dans l'évier, inutile de les multiplier. Et il vous en faudra deux de plus pour la crèche ou l'assistante maternelle, un par repas pris en dehors de la maison.

Astuce : avant de faire le biberon, lavez-vous les mains. Une fois bu, rincez-le à l'eau froide – l'eau chaude fait coaguler le restant de lait – puis lavez-le à l'eau chaude et au liquide vaisselle neutre à l'aide d'un goupillon. Le rinçage à l'eau froide « casse » plus rapidement la mousse. Réservez un torchon propre pour essuyer biberon et tétine. Les biberons en plastique prennent parfois, au fil des semaines, une odeur désagréable. Dans ce cas, plongez les biberons, bagues, tétines et capuchons dans une grande casserole avec le jus d'un citron et faites bouillir 10 minutes.

Un stérilisateur

Inutile
Durée d'utilisation : courte
Prix : de 16 € pour un modèle micro-ondable à 95 €

Jusque-là, vous aviez tout bon. Après une grossesse sans caprice, une chambre joliment décorée, un accouchement éprouvant vite balayé par la joie de voir votre enfant en couleurs et en 3D, quatre jours de va-et-vient dans votre chambre d'hôpital en gardant le sourire, vous voilà prête à rentrer chez vous avec bébé. Vous piaffez d'impatience. Vous avez même mis du mascara pour l'ultime entrevue avec la puéricultrice. C'est elle qui, après une dernière pesée, vous dresse l'ordonnance : « du sérum phy' pour le nez, ce collyre pour les yeux, du lait de telle marque. Pour les biberons, nous n'en recommandons pas, mais ça fait belle lurette qu'on ne les stérilise plus ».

Ah, flûte, vous aviez déjà acheté le stérilisateur et ses pastilles ? Offrir un biberon stérile à son enfant est une utopie : certes, le stérilisateur le débarrasse des bactéries. Mais il faudrait ensuite le conserver sous vide. Ni l'eau, ni la poudre de lait ne sont stériles. L'Agence française de sécurité sanitaire des aliments (AFSSA) a recommandé en octobre 2005* de laver les biberons à l'eau chaude, au savon et au goupillon (voir pages précédente et suivante). Donc de faire l'économie de cet objet encombrant qui bientôt prendra la poussière au fond d'un placard. « L'homme est aussi un microbe têtu », disait Jean Giono, faites-lui confiance.

* AFSSA. 17 octobre 2005 : 32135 – 32136

Un goupillon

Indispensable
Durée d'utilisation : 3 ans au moins, réutilisable
Prix : 12 €

Le goupillon est essentiel au bon nettoyage des biberons si, comme le recommandent désormais les pédiatres et les autorités de santé, vous sautez l'étape du stérilisateur (voir page précédente). Le goupillon le plus classique, en filaments de nylon, récure impeccablement les biberons mais ternira les modèles en plastique. Pire, les nettoyages répétés vont creuser des micro-sillons desquels les saletés seront de plus en plus difficiles à déloger.

Il existe un goupillon plus doux, qu'on ne trouve quasiment que sur Internet. Ce guide veillant à ne faire la publicité ou la contre-publicité d'aucune marque, par souci d'indépendance, il vous faudra chercher. Mais il n'est commercialisé que sous une seule marque, ce qui rendra la tâche facile. Arrondis, ses picots de caoutchouc viennent frotter la surface intérieure des biberons sans l'agresser. Un petit goupillon en nylon classique, logé dans le manche, est destiné à la tétine, mais il suffit parfois de la retourner comme un gant pour la nettoyer méticuleusement à l'éponge. Éponge à n'utiliser que du côté alvéolé pour plus de douceur…

Astuce : biberon comme goupillon seront lavés à l'eau très chaude et au liquide vaisselle. On les laissera sécher à l'air libre. Si l'on essuie, réserver un torchon à cet effet. Vous pouvez mettre votre goupillon au lave-vaisselle dans le panier des couverts.

Un séchoir à biberons

Utile sans être essentiel
Durée d'utilisation : 12 mois, réutilisable
Prix : de 11 à 30 €

Dans le magasin, vous vous êtes approchés avec curiosité. Voilà donc ce hérisson dans votre main et, contrairement à la chanson, il ne pique pas. Et, à côté, il y a cette mini-jardinière d'où surgissent des brindilles verticales. Bizarre… Plusieurs marques proposent des séchoirs à biberons ou « égoutte-biberons », pouvant en accueillir six ou huit en détachant bouteille, bague, tétine et capuchon. L'eau s'écoule directement dans une base de récupération, ce qui permet, si votre évier est étroit, de le poser sur un plan de travail. L'objet est pratique, mais pas indispensable : on peut parfaitement laisser sécher ses biberons sur l'égouttoir à vaisselle.

Astuce : si vous ne voulez pas poser les tétines propres directement dans l'égouttoir à vaisselle, fichez-les sur des manches de cuillère.

Un chauffe-biberon

Utile mais pas essentiel
Durée d'utilisation : intense les 4 premiers mois, réutilisable
Prix : 20 à 80 €

Si vous nourrissez votre enfant au biberon, vous découvrirez dès les premières heures que le lait donné aux nourrissons n'est d'abord pas chauffé. Les puéricultrices de la maternité vous donneront des biberons en verre coiffés d'une capsule étanche, exactement comme un petit pot du commerce. Dans un plastique hermétiquement fermé, la tétine est déjà sur la bague, il n'y a qu'à la visser à la bouteille pré-remplie. L'ensemble est si pratique que nombre de parents, les forums sur Internet en témoignent, essaient de trouver ces laits dans le commerce, pas seulement pour les remplir de dragées à l'approche du baptême. Peine perdue, ces échantillons sont réservés aux hôpitaux par les fabricants de lait. La leçon à en tirer est qu'un bébé boit du lait à température ambiante et que le chauffe-biberon n'est pas utile.

Une autre école estime que le lait au sein étant à 35-37 °C, le biberon est plus agréable à cette température. D'autant que la poudre de lait se mélange mieux à une eau légèrement chaude. Dans ce cas, le chauffe-biberon est une alternative plus transportable qu'un micro-ondes et plus pratique qu'un bain-marie dans une casserole. Si vous ne pouvez vous en faire prêter un, choisissez le simple, rapide et facile à détartrer. Quant au modèle le plus évolué, qui consiste en une fontaine à eau pré-chauffée, son coût est trop important comparé au confort qu'il procure. Réservez-le aux naissances multiples.

La machine à dosettes de lait

Inutile
Durée d'utilisation : 12 mois intensément, réutilisable
Prix : 199 € plus 39 € pour 26 capsules

C'est le genre d'invention qui déclenche une moue agacée. Que les ingénieurs et les nutritionnistes qui ont planché dessus pendant trois ans nous pardonnent, mais trop de marketing tue le marketing. On doit à la marque qui a essaimé les machines à café en capsules la dernière innovation du marché. De taille imposante, cet appareil électro-ménager peut préparer vos biberons à la température voulue, entre 25 et 40 °C, d'une simple pression de doigt, en plaçant une capsule pré-remplie dans un tiroir. Jusqu'ici, l'idée n'est pas mauvaise bien qu'elle ait un côté gadget : car, en dehors de quelques moments de tension où bébé s'agite, rien de plus simple que de verser l'eau et la poudre dans un biberon. C'est pour les capsules que le bât blesse. Il est fréquent qu'un lait maternisé soit mal supporté, et favorise reflux ou constipation chez l'enfant. Les pédiatres essaient alors d'autres formules plus ou moins épaisses, enrichies ou non de bifidus, et les boîtes s'empilent. Or les dosettes de cette machine, bien qu'offrant une gamme d'âges étoffée, ne sont pas changeables pour un autre lait.

Ce produit revient en outre très cher : à 39 € les 26 capsules, disponibles sur Internet, le biberon de 240 ml coûte (sans compter la machine) 1,50 € quand il revient à 0,77 € pour une boîte de lait en poudre de 900 g facturée 18 à 19 € en grande surface. Le double.

Un cuit-vapeur / mixeur

Utile si vous cuisinez
Durée de vie : 3 ans, réutilisable
Prix : de 80 à 300 €

Un peu moins de vingt ans après la commercialisation du premier cuit-vapeur mixeur pour enfant sur le marché français (en 1989), par une société française, de grands noms de l'électro-ménager se sont lancés sur ce segment. Le choix s'en est trouvé multiplié pour atteindre sept marques différentes. Malheureusement cette concurrence a peu joué en faveur des prix, elle a surtout lancé une course à la surenchère électronique.

Avez-vous un besoin impératif de cet ustensile ? Si vous souhaitez cuisiner les repas de votre enfant, et si vous avez un autocuiseur et un mixeur à bras dans vos placards, il est évitable. Si vous n'avez pas l'un ou l'autre, vous pouvez vous intéresser à ce qui va suivre. Ce robot permet d'abord, son nom l'indique, une cuisson des aliments de bébé à la vapeur douce, préservant notamment les vitamines. Les autocuiseurs, en montant en pression, dégagent une chaleur importante (122 °C au lieu de 100 °C, le point d'ébullition de l'eau) qui altère une partie de ces nutriments si l'on n'évacue pas la vapeur à temps ou si l'on ne baisse pas l'intensité du feu sous la casserole. Il faut donc savoir s'en servir correctement. La quantité de nourriture est réduite dans un appareil pour enfant, elle mettra peu de temps à cuire. L'appareil s'arrêtera automatiquement et vous pourrez récupérer une partie des minéraux « rincés » par la vapeur en délayant purées et compotes avec l'eau du bol au moment du mixage. Certains modèles sont en outre équipés d'une fonction chauffe-biberon et petit pot.

Au fil des années, la contenance de ces robots a significativement augmenté. Le premier appareil permettait de préparer deux repas pour l'appétit d'un enfant de 6 mois ; les quantités sont aujourd'hui presque doublées, ce qui s'avère nécessaire pour les enfants d'un an, les jumeaux ou les triplés. Et ce qui permet aux marques de viser aussi, désormais, un usage pour toute la famille.

À l'invitation des fabricants ou non, des cuisiniers – de la maman à la grande toque – publient régulièrement des livres de recettes que vos amis ne manqueront pas de vous offrir. Les designers ont aussi inventé toute une gamme d'accessoires, peu prohibitifs mais dispensables.

Si vous vous faites prêter un appareil d'occasion, méfiez-vous de son âge : c'est en 2009 que les fabricants ont anticipé l'interdiction du bisphénol A dans les biberons (fixée en juin 2010) pour retirer cette substance des plastiques utilisés pour les bol, panier et couvercle.

Astuce : plutôt que de rayer le bol de votre cuit-vapeur mixeur en décapant les restes d'aliments au tampon à récurer, faites-le tremper. La face alvéolée de l'éponge, bien savonneuse, suffira ensuite à tout décoller. Ou mettez-le en kit dans le lave-vaisselle si vous en avez un.

Une boîte compartimentée pour le lait

Utile
Durée d'utilisation : 12 mois par intermittence
Prix : de 5 à 10 €

Heureusement pour les jeunes parents, la naissance d'un bébé ne signifie pas que vous devrez rester cloîtrés à la maison. Tous les accessoires permettant le nomadisme familial ne sont pas essentiels, celui-là, sans l'être non plus, s'avère tout de même bien pratique. Que vous soyez au parc ou à une terrasse de café, à l'heure du biberon, plutôt que de compter les dosettes une à une en les versant malhabilement dans le biberon, dans des conditions de propreté qui ne sont pas toujours optimales, ces boîtes compartimentées permettent de doser à l'avance le lait nécessaire. Il n'y a plus qu'à verser la poudre dans l'eau au moment voulu, sans plus d'embarras.

Deux modèles coexistent : soit un système de compartiments qui s'empilent l'un sur l'autre pour ressembler à une petite bouteille colorée, soit une boîte ronde avec des divisions intérieures dont on tourne le couvercle. Le second est plus facile à nettoyer et à sécher.

Astuce : vous partez pour l'après-midi et vous donnerez deux biberons ? Remplissez trois compartiments, la faim d'un nourrisson recèle aussi ses mystères. Et vous pourrez prolonger la balade.

Le mélangeur anti-grumeaux

Inutile
Durée d'utilisation : 1 mois
Prix : de 9 à 20 €

On a beau être enceintes, on n'est pas des pommes ! Voilà ce que vous aurez, on l'espère, envie de crier en découvrant ce petit appareil parfaitement inutile. Il vous rappellera sans doute cette scène, hilarante et touchante, du film *Trois hommes et un couffin* au cours de laquelle une pharmacienne peu compréhensive lance à Roland Giraud d'un air las : « alors, pour préparer un biberon »... Voilà donc ce petit fouet électrique censé garantir un lait parfaitement dissous dans l'eau. Votre poignet fera parfaitement l'affaire et ne demandera aucune vaisselle.

En suivant ces trois recommandations dans l'ordre, vous réussirez un biberon bien mélangé et presque onctueux à donner à votre enfant :

1- Mettre l'eau en premier, la poudre de lait en second.

2- Après avoir bien fermé le biberon, le faire rouler debout entre vos mains, d'abord lentement puis plus vite, pour commencer à dissoudre la poudre sans la propulser dans la tétine.

3- Enfin secouer vigoureusement le mélange dans le sens de votre choix, capuchon fermé pour éviter les projections.

Et c'est tout !

Une chaise haute

Indispensable
Durée d'utilisation : (à partir de 6 mois) 3 ans, réutilisable
Prix : de 50 à 330 €

À 5 mois, le dos de votre bébé est suffisamment musclé pour qu'il se redresse. C'est aussi l'âge – à peu près, en fonction des modes et des pédiatres – de la diversification alimentaire. Pour dévorer purées de légumes et compotes de fruits, il est alors indispensable d'asseoir son enfant face à soi pour le nourrir sans trop le barbouiller. Et quel spectacle joyeux !

Il existe trois catégories de chaises hautes : les fixes, les réglables et les évolutives. Réfléchissez bien à vos besoins sans compliquer les choses. Une chaîne suédoise bien connue a imaginé le modèle le plus simple, une coque en plastique moulé fixée sur quatre pieds au prix alléchant de 12,99 €. Il devient vite obsolète, faute de place pour les gambettes des petits dodus. Considérez ce siège comme une résidence secondaire : l'usage quotidien de la chaise haute mérite ainsi une plus grande solidité. Imaginez aussi qu'à 7-8 mois, votre enfant affamé témoignera son enthousiasme en se balançant devant son assiette pleine.

Le cale-pied n'est pas indispensable mais plus confortable pour le dos. Tous les vide-poches sont, à bien y penser, superflus.

Parmi l'éventail des modèles disponibles, celui en vogue ces deux dernières années est une chaise haute évolutive en bois aux allures design. L'assise et le repose-pieds sont des plateaux qui peuvent monter et descendre le long de deux crémaillères, ce qui fait que malgré son prix – autour de 160 € sans compter les accessoires –, elle accompagne les enfants de 6 mois à l'adolescence. Deux marques développent un modèle similaire, l'une allemande, l'autre norvégienne. Pour cette dernière, l'ajout d'une coque, qui coûte tout de même 120 €, permet d'utiliser la chaise en transat haut de 0 à 6 mois. Les deux sont assez jolies, et comme la plupart des modèles en bois, elles ne dépareillent pas trop autour d'une table, contrairement à tant d'autres. Car entre les roulettes façon chariot d'hôpital, les pieds télescopiques ayant une emprise diabolique au sol, il est facile de trouver des chaises hautes inesthétiques. Heureusement, leur prix est alors dissuasif. Et quel que soit le modèle que vous choisirez, tout rassurant qu'il soit, gardez en tête que la seule sécurité qui vaille est de ne pas laisser un enfant sans surveillance dans une chaise haute.

Astuce : inutile de nettoyer la tablette avec la face grattante de l'éponge, vous la rayeriez. Faites-la plutôt tremper dans de l'eau chaude savonneuse. Un coussin de chaise en tissu se lave en machine tandis qu'en plastique, il se nettoie d'un coup d'éponge, à vous de voir.

Le siège de table

Utile
Durée d'utilisation : 2 à 3 ans
Prix : de 50 à 90 €

À la maison vous avez une chaise haute. Ou non... Peut-être appartenez-vous à la famille des citadins qui, pour gagner un peu d'espace dans leur salon, la pièce où passer le plus de temps, vous avez imaginé une cuisine compacte. Les biberons et tout le reste y prennent déjà beaucoup de place, aussi impossible d'y loger une chaise haute sans devoir l'enjamber pour atteindre la poubelle. Ou bien vous voyagez aisément avec bébé sans vouloir traîner tout l'attirail.

Il existe pour les petites cuisines ou en appoint des sièges de table adaptés à la taille des enfants à partir de 6 mois. Maintenus à la table par un système de bras retenus par des verrous, ils suspendent une assise en tissu dans le vide. Un conseil : par sécurité, glissez tout de même une chaise en dessous.

L'idée est la même pour les rehausseurs à tablette, que l'on accroche par des sangles à l'une des chaises de sa salle à manger. La seule condition pour une bonne stabilité est que ce mobilier soit large et plat, un rehausseur serait instable sur une assise étroite ou incurvée. Réservez cet objet aux enfants un peu plus grands, à partir de 9-10 mois, qui tiendront mieux leur dos. Attention aux petits dodus, la tablette peut rapidement leur râper les cuisses, surtout s'ils gigotent.

Astuce : passez régulièrement le rehausseur en PVC à l'eau vinaigrée, ou déhoussez le siège pour le laver en machine.

LA TOILETTE ET LES SOINS

Inquiets d'abord, vous serez bientôt impatients d'aborder le moment de la toilette de votre enfant. Ces gestes gauches, que vous craignez un peu brusques, maladroits par manque d'habitude et peur de chahuter votre si petit bébé, vont devenir faciles, très doux et apaisants pour votre enfant.

Dans ces instants de peau contre peau, les yeux dans les yeux, une tendre complicité se nouera. Où vous verrez qu'il suffit d'une caresse et d'un peu d'eau chaude pour avoir un nourrisson joyeux.

Une baignoire

Très utile
Durée d'utilisation : 15 à 20 mois en fonction de la taille, réutilisable
Prix : de 19 à 65 €

À la maternité, à J+2, on vous attirera dans une salle bien chauffée et une puéricultrice vous guidera pour le premier bain de votre/vos enfant(s). Ce sera suffisant pour voir combien ce petit être, qui apprend depuis deux jours qu'il a un corps qui pèse, que de l'air glisse sur sa peau, aime à retrouver les sensations qu'il avait dans le corps de sa maman. La surprise passée, il sera tout confiant entre vos mains.

À la maison aussi, la plupart des enfants aiment l'heure du bain. Il les détend, les berce. Plus tard, ils s'amuseront. Rares sont ceux qui tendent les bras pour quitter la baignoire, ils fondent plutôt en larmes quand on les en extirpe.

Les baignoires en forme de cône, très à la mode, permettraient de baigner l'enfant en position fœtale et réduiraient les coliques, selon l'argumentaire commerciale. On doute que la baignoire ait plus de vertus que le bain. Si vous craquez pour l'un de ces modèles, il vous faudra en outre le troquer au bout de quelques mois pour un baquet oblong, plus grand.

Dans une petite salle de bains, vous pouvez aussi opter pour une baignoire combinée à une table à langer à condition de pouvoir poser le tout dans votre baignoire (pour la vidange), car la baignoire des modèles sur pieds est petite et lourde à vider. La table s'escamote contre le mur et vous pourrez vous doucher sans tout démonter.

Un transat de bain

Facultatif ou essentiel
Durée d'utilisation : 6 mois, réutilisable
Prix : de 9 à 35 €

Si Vishnou pouvait se réincarner en chaque parent… La divinité hindoue aux quatre bras n'aurait pas de mal à attraper le shampoing et rincer les cheveux tout en tenant le bébé pour qu'il ne glisse pas. Accessoire ami des stressés, le transat de bain peut offrir aussi un peu de répit physique en maintenant en position légèrement allongée l'enfant qui ne sait pas encore tenir assis. On le posera plus volontiers dans sa grande baignoire que dans une baignoire d'enfant, souvent trop courte pour accueillir cet objet.

Il existe trois familles de transats de bain. La plus simple dessine un Z ondulé. Il est fait d'une armature sur laquelle est tendu un filet. Doux pour la peau, prenant vite la chaleur du bain et épousant le corps de l'enfant, il peut s'affaisser voire craquer sous le poids quotidien d'un gros costaud. Pour les premiers mois donc. La famille suivante est un plan incurvé de plastique moulé. Très stable et rassurant, il faut cependant remplir la baignoire au-delà du trait indiqué, au risque que l'enfant n'ait que les fesses immergées et se refroidisse. La dernière famille, la plus ancienne, est celle des carapaces moulées de plastique avec des courbes pour les bras et pour les jambes. C'est généralement le moins cher, mais l'entrejambe complique le nettoyage des parties génitales.

Le nécessaire de toilette

Indispensable
Durée d'utilisation : ses jeunes années
Prix : de 30 à 60 € au total

Pour bien faire, il vous faudra prévoir un grand vide-poche ou une étagère au-dessus de votre table à langer. Vous pouvez aligner dessus un lait de toilette, du liniment, du coton, une paire de ciseaux à ongles, une brosse douce, un tube de *cold cream* pour le visage, un autre pour les fesses, un shampoing doux ou un pain dermatologique sans savon pour la salle de bains.

La mention « hypo-allergénique » sur le flacon signifie que les personnes sur lesquelles le produit a été testé n'ont pas eu de réaction allergique. Le label « Cosmétique BIO », délivré par des organismes privés, indique que 95 % des ingrédients sont naturels ou d'origine naturelle et que 10 % de la formule sont issus de l'agriculture biologique.

La marque des dosettes de sérum physiologique importe peu puisqu'elles contiennent la même solution, soyez simplement attentifs au contenant. Préférez des doses très souples, car vous risquez d'appuyer légèrement sur les ailes du nez de votre bébé, et leur rigidité pourrait l'égratigner.

N'achetez pas de désinfectant ou de produit pour nettoyer le cordon ombilical avant la naissance, on vous donnera une ordonnance précise à la sortie de la maternité.

Enfin, n'abusez pas des lingettes. Non seulement sources de déchets, elles figurent sur la liste noire de l'Agence nationale de sécurité du médicament et des produits de santé car leur concentration en phénoxyéthanol, un conservateur utilisé en cosmétologie, est nocive pour le foie et les globules rouges des nourrissons, dont la peau est très fine. À réserver aux déplacements si vous ne pouvez vraiment pas faire sans. Si votre table à langer est dans la salle de bains, un gant de toilette tiède et un peu de savon suffiront à nettoyer le siège.

La tétine

Utile
Durée d'utilisation : plusieurs mois en fonction de l'enfant
Prix : de 3 à 9 €

Comme certains parents en devenir, vous avez peut-être établi un principe simple : pas de tétine sur le ravissant visage de mon poupon. Dans ce cas, la chose est entendue. Mais peut-être faites-vous plutôt partie de ceux qui hésitent, qui se renseignent sur les bienfaits et les désagréments, en tentant de mener une étude comparative des effets du pouce et de la tétine.

Tototte, tututte, « suce » pour les Canadiens... Pour parler de la tétine, ce sont les Américains qui ont trouvé le mot le plus honnête en le nommant « pacifier », le pacificateur. En caoutchouc ou en silicone, l'objet rappelle le sein maternel et a pour vocation de calmer le bébé en lui donnant son compte de succion. Car les bébés sont des petits vampires suçoteurs. Dans le ventre de leur mère, dès la 16e semaine, ils peuvent sucer leur main, leur pied, leur cordon ombilical, insoumis à la pesanteur terrestre. Certains bébés naissent avec une cloque de succion sur la lèvre supérieure, preuve d'une pratique intense de ce sport antalgique. Au rang des mérites, la tétine adoucit les angoisses, elle est nettement plus facile à nettoyer qu'un doudou, son pouce, et plus maniable que votre petit doigt. Elle ne creuse pas le palais comme le pouce. Et vient un âge où l'on peut, avec du mal certes, détacher l'enfant de sa mauvaise fréquentation.

Au rang des défauts, la tétine est laide, elle semble parfois un mode de contrôle sur l'enfant qui l'empêche d'exprimer ses emballements – d'où cette croyance, inexacte, qu'en Espagne on nommerait cet objet *càllate*, ce qui signifie « tais-toi ». En maintenant la langue en position basse, elle peut surtout entraîner des problèmes de dentition, mais, semble-t-il, pas plus que l'usage intensif du pouce. Enfin, surtout si elle est utilisée toute la journée, elle accroît le risque d'otite, inflammation ô combien douloureuse de l'oreille moyenne, située derrière le tympan et en relation avec le pharynx.

Si rien ne permet de trancher ce débat en faveur de l'un ou l'autre, il semble qu'il faille décourager l'enfant de tirer sur sa tétine comme de sucer frénétiquement son pouce avant 3 ans. Lors des 14e Journées internationales de l'orthodontie, en novembre 2011, ces spécialistes de la bouche ont mis en garde contre le risque de déformation dentaire. Pourquoi 3 ans ? À partir de cet âge, les déformations buccales peuvent régresser spontanément.

Une autre chose est sûre : avant la tétine, les nourrissons savaient très bien s'en passer, et autour de vous ils sont quelques-uns à ne pas en avoir. Donc inutile d'en acheter une avant la naissance. Attendez de voir de quel petit bonhomme ou de quelle petite demoiselle vous accouchez, et son degré de nervosité. Alors vous pourrez acheter une tétine adaptée à son âge, un modèle physiologique (c'est-à-dire qu'il ressemble au mamelon maternel pressé dans la bouche d'un bébé) de préférence. Pour la nuit, vous pouvez prendre une tétine à anse phosphorescente, repérable dans les recoins du lit.

Astuce : si la tétine tombe, lavez-la à l'eau chaude et au savon. Ne la « rincez » en aucun cas dans votre bouche, vous transmettriez au bébé des bactéries contre lesquelles sa bouche ne sait pas encore lutter.

La boîte à tétine, l'accroche-tétine

Inutiles
Durée d'utilisation : plusieurs mois en fonction de l'enfant
Prix : de 3 à 25 €

Non et non. Si vous avez lu la fiche précédente, vous avez compris qu'un des enjeux des premières années de votre enfant sera, pour vous, de lui faire lâcher cette maudite sucette. Inutile, donc, d'enrober l'objet d'un soin particulier en lui offrant des colifichets pour le rendre rigolo, distrayant ou plus joli.

On ne tombe pas non plus dans le piège de la mallette de voyage antibactérienne, ni dans celui du stérilisateur de tétine. On se contente, si la tétine que vous avez achetée n'était pas vendue avec, d'une petite boîte toute simple et lavable pour la transporter sans la mêler aux poussières de votre sac, ou l'on déniche dans ses placards une boîte hermétique.

Quant à l'accroche-tétine, un ruban accroché à une boutonnière ou un mouchoir noué peuvent suffire.

Des couches

Indispensables bien sûr
Durée d'utilisation : jusqu'à environ 18 mois le jour et la nuit, 2 ans et demi la nuit
Prix : de 630 à 1 600 € pour 5 000 couches

Non, il n'est pas question ici de vous rappeler d'acheter des couches, tout le monde le sait, mais de vous donner les éléments pour choisir entre les couches à usage unique, jetables, et les couches lavables. Lorsqu'elles sont apparues dans les années 1960, les couches jetables ont marqué un tournant pour les mères qui devenaient de plus en plus actives. Finie la corvée ! Des études réalisées dans des crèches ont également montré que l'emploi de changes à usage unique garantissait une meilleure hygiène, que les mains et les surfaces étaient considérablement moins contaminées par les selles. Grâce à elles, enfin, l'érythème fessier, aussi appelé « dermite des langes », a été divisé par deux[1].

1) Service de dermatopathologie du CHU Sart Tilman, Liège, Belgique.

Pendant des décennies, l'objet couche n'a pas été contesté. Jusqu'à ce que l'on commence à s'interroger sur la quantité de matériaux nécessaires à leur élaboration et à leur impact sur l'environnement. En 2005, l'Agence de l'Environnement anglaise a publié une étude comparée du cycle de vie des couches. Elle s'appuyait sur les informations fournies par les fabricants, les associations environnementales et des administrations. Si les couches à jeter ont un impact important sur l'environnement lors de leur fabrication, les couches lavables sont gourmandes en eau et en énergie tout au long de leur utilisation. La différence n'était pas significative. En 2008, la comparaison a été actualisée. Entretemps les industriels avaient réduit le poids des couches[2] et leurs besoins en énergie pour les produire, donnant un court avantage aux couches à usage unique.

Si la différenciation écologique est mince, c'est la facture qui est loin d'être égale. Sachant qu'un enfant salit 5 à 6 couches par 24 heures, il en faut 4 500 à 5 500 pour accompagner l'enfant jusqu'à la propreté totale. Un grand magasin a fait le calcul[3]. Les couches lavables – en coton

---

2) Une couche pesait en moyenne 65 g au début des années 1980, 42 g en 2000, 38 g aujourd'hui pour une taille 3 (7-18 kg).

3) Au 5 novembre 2012, moyenne des marques nationales et des produits des distributeurs, hors promotions, selon le magasin Auchan, Bagnolet (93).

doublé d'un molleton absorbant – représentent un gros investissement de départ mais sont, au bout de deux ans et demi, les moins chères : comptez 630 € pour quatre couches dans chaque taille, 20 absorbants en tailles 1 et 2 et 30 boîtes de voiles. Il faut y ajouter environ 100 € d'eau, de lessive et d'électricité. Les couches jetables écologiques, qui utilisent plus de matériaux biodégradables que les couches jetables simples, reviennent à 0,32 € l'unité, soit 1 600 € pour 5 000 pièces. Les couches jetables simples coûtent en moyenne 0,27 €, et pèseront donc dans votre budget à hauteur de 1 340 € pour 5 000 unités.

Vous trouverez des amis pour vous dire que telle marque est la meilleure, d'autres assureront que la grande distribution égale désormais les leaders. Hormis le poids de la couche (plus légère dans les grandes marques), élastiques, attaches et douceur se valent d'une marque à l'autre.

Astuce : ne prenez pas des couches trop grandes en pensant qu'elles colleront moins aux fesses de bébé, les vêtements les plaqueront à nouveau sur l'entrejambe. Les plis ainsi formés seraient irritants pour sa peau.

Un thermomètre

Indispensable
Durée d'utilisation : de longues années, réutilisable
Prix : de 5,50 € à 45 €

Il vous en sera demandé un pour votre séjour à la maternité, que vous utiliserez ensuite à chaque petit coup de chaud de l'enfant.

Si vous traînez dans un tiroir un vieux thermomètre en verre dans un étui plastifié, hérité de papy, rapportez-le à la pharmacie : malgré sa fiabilité, qui en faisait l'outil de mesure référent, le risque de pollution au mercure a conduit à son interdiction en 1996. En outre les modèles actuels, en plastique souple plus agréable, mesurent la température en quelques secondes, contre les 180 que vous comptiez enfant.

Avec un thermomètre électronique, la prise rectale est la plus fiable. La sensibilité d'un thermomètre à cristaux liquides que l'on plaque sur le front est de 89 %. Deux études anglo-saxonnes ont même démontré que le risque d'erreur était d'une fois sur deux. Glisser le thermomètre sous le bras donne un résultat aléatoire. Quant à la prise en bouche, elle peut minorer une fièvre supérieure à 38 °C et surestimer les hypothermies sous 36 °C.

Les thermomètres à infrarouge, que l'on glisse dans l'oreille, mesurent la température autour du tympan. Même si les études ont été réalisées avec des appareils professionnels, il semble que ce mode de prise soit peu fiable, en particulier chez le petit enfant. Alors qu'il est le plus pratique, il minore la fièvre de 3 à 5 dixièmes. Une étude du service de pédiatrie générale de l'hôpital Necker-Enfants malades préconise de les utiliser pour un premier diagnostic.

Un mouche-bébé

Indispensable
Durée d'utilisation : 18 mois
Prix : de 4 à 25 €

On a tous un objet barbare dans notre salle de bains. Les nourrissons aussi : le mouche-bébé. Un jeune enfant ne sait pas se moucher, il faut donc l'aider à évacuer les sécrétions nasales. À défaut, elles s'écouleront à l'arrière de la gorge et l'irriteront. Le stade suivant, lorsque les mucosités tombent sur les bronches, peut aller jusqu'à la bronchiolite. C'est dire si l'étape du nettoyage est capitale. Le simple lavage au sérum physiologique – hygiène quotidienne que l'on vous montrera à la maternité et lors de vos rendez-vous à la PMI (voir page suivante) – ne suffit pas toujours, il faut parfois un geste plus affirmé pour désencombrer l'enfant. Là encore, il y a trois familles à distinguer.

Les mouche-bébé électriques sont les plus chers. La force d'aspiration est modulable, pour commencer en douceur. Mais on peut arriver au même résultat avec un appareil manuel, bien plus abordable.

On vous déconseille le mouche-bébé par aspiration buccale : une petite pipette prolongée d'un tube dans lequel vous aspirez. Non seulement vous pouvez ne pas contrôler la force de votre aspiration et faire éclater un vaisseau sanguin, mais les petits filtres ne suffisent pas non plus à vous protéger des microbes. Vous vous demanderez plus tard pourquoi vous êtes toujours malade depuis que votre enfant est né…

Restent les poires, qui ont notre préférence. Petites, souples, il faut les presser avant de mettre l'embout dans l'une des narines du bébé, tout en bouchant l'autre. Relâcher doucement permet d'aspirer régulièrement. Seul hic : leur nettoyage est peu commode. Le mieux est de les faire bouillir 10 minutes, après avoir gonflé la poire d'eau.

L'humidificateur

Inutile
Durée d'utilisation : 1 an, occasionnellement
Prix : à louer ou se faire prêter pour voir, de 50 à 90 €

Il fait partie des incontournables sur la liste que diffusent les magasins de puériculture, au même titre que le transat ou la lampe. Cela donne, à tort, le sentiment qu'il faut en acheter un pour le confort respiratoire de son enfant. Un humidificateur produit de la vapeur d'eau, chaude ou froide, pour réhydrater l'air, les parois nasales et les muqueuses.

C'est un paradoxe alors que l'on entend les Canadiens affirmer qu'ils supportent leur hiver rigoureux parce qu'il est sec, mais la sécheresse de l'air donne le sentiment d'une température plus basse. Ainsi un logement chauffé à 19 °C et qui présente un taux d'humidité de 40 % semble aussi chaud qu'un appartement à 22 °C avec une humidité de 20 %. Dès lors, pourquoi se passer d'un humidificateur, aussi sain qu'économe ? On répondra par une autre question : connaissez-vous le taux d'humidité de votre maison ? Pour l'évaluer, il faut un hygromètre. Certaines stations météo, dont vous disposez peut-être déjà, en ont intégré un, vérifiez dans le mode d'emploi qu'il mesure à l'intérieur. Sinon, on trouve des hygromètres pour 15 €. Si le taux d'humidité relative est inférieur à 40 %, essayez de vous faire prêter un humidificateur, ou d'en louer un, pour juger de ses bénéfices sur votre enfant avant de passer au magasin.

Vous pouvez aussi, une fois l'enfant couché et à condition qu'il ne puisse sortir seul de son lit, brancher votre bouilloire électrique pleine dans sa chambre. La vapeur qu'elle dégagera en chauffant et en refroidissant suffira à réhydrater l'air ambiant.

Un pèse-bébé

Inutile
Durée d'utilisation : 3 mois, réutilisable
Prix : de 60 à 180 €

Il y a encore trente ans, il n'était pas rare que l'on pèse les bébés après chaque tétée ou biberon. Le prototype du nourrisson en bonne santé était un enfant bien potelé, rayonnant de rondeurs, jusqu'à parfois le nourrir à l'excès. Les pharmacies louaient des balances en métal glacial aux parents qui, scrupuleusement, tentaient d'équilibrer le balancier et de lire les petites barres verticales.

Les temps ont changé, heureusement, et l'on n'est plus esclave de cet appareil dont vous n'avez nul besoin au quotidien. Outre les visites régulières chez le pédiatre, qui consigne taille, poids et tour de tête dans le carnet de santé, il est recommandé durant les deux premiers mois de faire peser son enfant une fois par semaine pour suivre sa bonne évolution. S'il est nourri au biberon, la quantité ingérée est évidente. S'il est nourri au sein, la pesée a le mérite de démontrer qu'il mange bien puisqu'il grossit.

Les départements ont mis en place des lieux formidables, les centres de Protection maternelle et infantile (PMI), où l'on peut faire ces examens rapides et gratuits. Des personnes formées vous y reçoivent avec bienveillance. C'est un moment agréable pendant son congé maternité, qui permet aussi d'évoquer ses inquiétudes, de redemander à voir un geste, comme le lavage du nez ou des yeux, ou de poser des questions. Si vous habitez loin d'une PMI, appelez les pharmacies des alentours pour savoir laquelle offre ce service.

La poubelle anti-odeurs

Inutile
Durée d'utilisation : 2 ans et demi
Prix : de 30 à 60 € la poubelle, 12 à 28 € la recharge

Antibactérienne, sans odeur, pratique à manipuler, voilà les arguments développés par quelques compagnies pour vendre leur poubelle à couches. Si l'objet est couramment acheté en Grande-Bretagne et aux États-Unis, souvent offert aux jeunes mamans lors des *baby showers*, il ne brille pas par son succès en France.

Oui, les utilisateurs sont unanimes : ils peuvent laisser la poubelle à couches remplie dans la chambre de bébé sans percevoir d'effluves désagréables. Et ils imaginent bien qu'aucune bactérie ne se balade hors du conteneur. Mais les recharges de plastique coûtent très cher, de 12 à 28 € selon la poubelle adoptée, soit environ 10 % par couche, en plus du prix de celle-ci. Tout de même, est-ce si difficile d'emporter la couche souillée hors de la chambre de son enfant, de la glisser dans un sac en plastique lambda, de ceux qu'on amasse dans un autre sac en plastique, et de la jeter à la poubelle ? Pourquoi, alors qu'on débarrasse sa maison des déchets de la cuisine tous les deux à trois jours, devrait-on accumuler des petites boules dégoûtantes dans la chambre de bébé ? Avant de céder à l'appel de ce gadget, onéreux à la longue, songez enfin que dans quelques mois, votre petit trouvera très amusant de la renverser !

Astuce : si vous ne pouvez vous en passer, achetez les recharges sur des sites internet anglais. Les prix sont pratiquement divisés par deux, frais de port compris.

LES DÉPLACEMENTS

On a souvent envie de le clamer aux regards mauvais qu'on vous lance dans le bus ou dans le train : un enfant, même minuscule, a le droit de se déplacer. Ce n'est pas parce qu'on est des jeunes parents qu'on doit rester sagement à la maison à regarder grandir sa progéniture.

Qu'on se le dise : on peut parfaitement aller voir une exposition avec son bébé, partir en week-end ou en vacances. Seul le cinéma est officiellement interdit aux enfants de moins de 3 ans, par une ordonnance de la Préfecture de Paris datant de 1927 : à l'époque déjà, on se souciait de préserver leurs oreilles du niveau sonore des projections. Et comme il est loin d'avoir baissé…

Un siège-auto

Indispensable
Durée d'utilisation : variable selon le modèle choisi, réutilisable
Prix : de 80 à 350 €

Disposer d'un équipement de sécurité pour l'enfant en voiture est une obligation légale, des normes ont été établies pour que certains critères soient respectés. Par exemple, les harnais et ceintures de sécurité doivent être ajustables à la taille de l'enfant et empêcher qu'ils se dérèglent, les dispositifs de blocage doivent être inaccessibles à l'enfant, les sièges se doivent aussi d'être ininflammables.

Parce que ces normes évoluent, il est recommandé de ne pas acheter un fauteuil de voiture d'occasion. Si vous le faites, pour une deuxième véhicule par exemple, ou si l'on vous en donne un, il ne faut pas que sa structure ait été fragilisée par le choc d'un accident.

Outre ces normes, une classification des tailles a été institutionnalisée.

- Groupe 0+ : pour les enfants de moins d'un an, de la naissance à 13 kg ;
- Groupe 0+/1 : pour les enfants de la naissance à 18 kg, vers 4 ans ;
- Groupe 1 : pour les enfants entre 1 et 4 ans, de 9 à 18 kg ;
- Groupe ½/3 : pour les enfants pesant de 9 à 36 kg ;
- Groupe 2/3 : pour un enfant de 3 à 4 ans pesant 15 kg et jusqu'à 36 kg ;
- Groupe 3 : pour les plus grands, de 25 à 36 kg.

La loi impose que seul l'enfant de 10 ans ayant atteint la taille de 1,35 m puisse être attaché comme un adulte par la ceinture de sécurité du fauteuil. Moralité : il vous faudra au minimum acheter successivement deux sièges-auto.

Le siège-auto du premier groupe (0+) est parfaitement interchangeable avec une coque qu'on appelle « cosy » ou « maxy-cosy » et qui peut se fixer sur une poussette (voir page 109). Bien qu'on soit peu habitué à le voir, on peut fixer un siège-auto pour bébé à l'avant de sa voiture, sur le fauteuil du passager, dos tourné à la route, après avoir désactivé l'airbag. À l'arrière, deux systèmes de fixation cohabitent : soit par la ceinture de sécurité de la voiture avec un jeu de passants à frein, soit sur un support respectant la norme européenne Isofix qui se fixe à deux points d'attache intégrés à la voiture lors de sa construction. Pour le confort du nouveau-né, qui est encore enroulable sur lui-même, il faut absolument que le modèle choisi comporte des positions inclinables faciles à commander – rappelez-vous que vous serez en voiture – ainsi qu'un coussin réducteur pour bien le caler.

Le siège du groupe 0+/1 pourra, lorsque l'enfant aura grandi, passer à l'arrière, face à la route, avec la même facilité. Autant, donc, acheter directement un spécimen de ce groupe-là, plutôt qu'un groupe 0+ uniquement. Quand votre enfant dépassera les 17-18 kg, vous pourrez alors acheter un fauteuil de groupe 2/3.

Choisissez un modèle enveloppant sur les côtés, si possible réglable en hauteur et en largeur, pour s'adapter à la taille de votre bambin qui sera plus ou moins vêtu selon la saison.

Une coque ou cosy

Utile
Durée d'utilisation : 9 à 10 mois, réutilisable
Prix : de 80 à 300 € si achetée seule

Si vous quittez la maternité en voiture, à moins d'avoir opté pour un fauteuil de voiture du groupe 0+ ou 0+/1, c'est l'objet que vous utiliserez en premier avec votre nouveau-né, avant même son lit ou sa table à langer. Le cosy est interchangeable avec le siège-auto du groupe 0+, mais il a deux spécificités qui peuvent lui conférer un avantage : non seulement la poignée qui sert à le soulever se positionne pour créer un arceau de sécurité supplémentaire lorsque la coque est installée à l'avant-droit de la voiture ; mais, en se détachant facilement, il permet aussi de transporter bébé, endormi ou non, à la maison, chez des amis ou chez le pédiatre.

Les fabricants ont donc poussé la logique d'un équipement modulable en le mariant à une poussette (voir le chapitre des poussettes, page 109).

Si vous optez pour un cosy qui n'en est pas équipé, n'achetez pas en plus un coussin réducteur. Il suffit, pour surélever le bassin du bébé sans engoncer ses bras et ses jambes, de placer sous ses fesses une serviette de toilette pliée.

Ayez toujours un lange propre avec vous, vous pourrez soit le poser sous la tête de bébé pour éviter de salir la coque, soit couvrir le cosy d'un rideau protecteur du vent ou du soleil.

Astuce : ne posez jamais le cosy à terre dans la rue ou dans un restaurant pour des raisons d'hygiène. Si vous n'avez pas le choix, désinfectez-le ensuite.

Une nacelle

Inutile, à moins de beaucoup de déplacements
Durée d'utilisation : 3 mois, réutilisable
Prix : de 130 à 300 € si achetée seule

Par sa forme, la nacelle vous rappellera immanquablement les landaus sévères que poussent les *nannys* dans Mary Poppins. Du groupe 0+, la nacelle s'adresse à des nouveau-nés jusqu'à 10 kg, mais elle est de moins en moins utilisée. La question n'a pas été tranchée, en France, pour savoir s'il valait mieux transporter un nourrisson dans une coque ou dans une nacelle. Si la coque épouse la forme du bébé et le maintient en cas de choc grâce au harnais, la ceinture ventrale d'une nacelle n'offre pas la même sécurité, car le bébé peut rouler légèrement ou se vriller. Mais dans une nacelle, il est totalement allongé, un plus pour son sommeil le premier mois, surtout lors de longs trajets. Et l'objet peut aussi servir de lit d'appoint lorsque vous partez en vacances.

Dans les pays d'Europe du Nord, généralement précurseurs en matière de sécurité infantile, la nacelle est interdite en voiture. En Allemagne, les nacelles doivent être équipées d'un harnais. Aux États-Unis, certaines marques ont définitivement cessé d'en fabriquer pour ne proposer que des coques. D'autres ne sont simplement pas homologuées pour la route.

Évidemment, si vous attendez des jumeaux, vous pouvez d'ores et déjà balayer la question : deux nacelles ne cohabiteront pas à l'arrière de votre voiture, faute du nombre suffisant de ceintures de sécurité pour les accrocher.

Une poussette

Essentielle
Durée d'utilisation : 3 ans, réutilisable
Prix : de 65 à 1 000 €

Un rapide coup d'œil dans le local poussettes d'une crèche ou d'un immeuble suffit à dresser ce constat : on traîne vite une poussette sale et cabossée. Petits pieds escaladant, régurgitations, miettes, boue, auront vite fait de transformer votre engin supersonique en vieux tacot seulement pratique. De quoi vous dissuader d'acheter au prix de l'or le modèle des starlettes d'Hollywood !

Dès lors que vous vous intéresserez à votre future poussette, il vous faudra appréhender la notion de « pack » sans céder à la tentation d'en acheter trop. Si vous n'avez pas de voiture, ou si l'on vous prête l'équipement nécessaire, vous pouvez déjà passer à la poussette 2e âge, à condition d'un dossier complètement inclinable, et en ajoutant un réducteur pour bébé. Seul hic : sauf à vous offrir l'un des rares modèles dont la poignée change de côté, votre enfant regardera dans la même direction que vous et ne vous verra pas.

Vous pouvez acheter un « pack duo », c'est-à-dire une poussette hamac, orientée dans le sens de la marche, sur laquelle vient se clipper une coque. Là, votre enfant sera face à vous, ce qui est plus agréable pour lui comme pour vous les premiers temps. Placé dans la coque, il sera en plus surélevé par rapport à la chaussée. Le « pack trio » ajoute la nacelle au duo. À ne choisir que si vous voulez vraiment cette option.

Dans tous les cas, testez-la dans le magasin. Vérifiez vous-même qu'elle se plie et se déplie facilement. Mesurez également l'encombrement dans votre entrée ou le coffre de votre voiture.

Un porte-bébé

Très pratique
Durée d'utilisation : 3 ans pour un poids plume, réutilisable
Prix : de 30 à 170 €

Ah, caresser la nuque à la peau si douce de son bébé tout en flânant... On ne saurait trop vous conseiller l'acquisition d'un porte-bébé, c'est un accessoire merveilleux qui permet de grandes échappées salutaires pendant son congé maternité sans rompre le contact physique si nécessaire à l'enfant. Métro, bus, magasins, musées, vous pouvez tout arpenter en gardant les mains libres et sans vous encombrer d'une poussette. C'est aussi là qu'il sera le mieux protégé des curieux. Car c'est fou comme un enfant, sous prétexte qu'il est mignon et que « c'est gentil », devient une chose publique qui peut être touchée par des mains inconnues, couvertes de microbes et de saletés. À moins d'en user comme d'un prétexte, personne ou presque n'osera venir le caresser entre vos seins.

Bien tenu verticalement, c'est aussi une position judicieuse pour un enfant qui souffre de reflux acide et/ou de coliques : les petits rots s'échappent plus facilement, le stress de la séparation aussi. La seule condition pour l'y glisser est que sa tête soit maintenue par votre main ou un bandeau.

N'imaginez pas en revanche passer l'aspirateur ou cuisiner avec bébé tout calme dans sa poche kangourou : il faudrait avoir les bras de l'inspecteur Gadget pour attraper des ustensiles ou une casserole chaude sans cogner votre proéminence ventrale.

Il existe quatre sortes de porte-bébé :

- Le kangourou est très confortable, peu cher, mais il maintient le dos de l'enfant trop droit et appuie sur les parties génitales. Aussi est-il recommandé de ne pas l'utiliser trop longtemps et pas dès la naissance.
- Le porte-bébé physiologique, plus cher, permet les plus longues marches, car il installe le bébé dans une position dite en M, comme une grenouille, où ses jambes sont écartées et nettement fléchies. Le bassin bascule alors vers l'avant et le dos s'arrondit.
- Les écharpes de portage sont des bandes de tissu spécialement tissées, longues de 2,5 à 5 mètres. À condition de s'entraîner, on peut l'ajuster au plus

près de l'enfant et le porter sur le ventre, dans le dos, sur le côté couché comme dans un hamac. Des cours de maîtrise du nouage sont désormais proposés partout en France.

- Le porte-bébé chinois est un carré de tissu avec quatre bretelles. Facile à faire et à installer, il ne ménage pas les épaules du porteur.

Astuce : Les porte-bébés sont tous garantis lavables, optez pour un modèle qui sèche rapidement. À partir de 3 ou 4 mois, votre enfant va beaucoup baver tandis que ses gencives s'épaissiront. Glissez alors un lange propre contre le textile du porte-bébé pour le nettoyer souvent.

Un lit-parapluie

Utile
Durée d'utilisation : 3 ans par intermittence, réutilisable
Prix : de 40 à 130 €

Depuis que vous êtes rentrés de la maternité, tout s'est plutôt bien passé. Le premier bain sans aide. La première sortie. Enhardis, et vous avez bien raison, vous décidez de changer d'air pour un week-end, le temps d'une fête qui permettra de présenter votre ange à toute la famille. Comme vous n'avez pas de lit-cage sur place, il vous faut un lit d'appoint, pliable, appelé lit-valise ou lit-parapluie. Cette dernière expression est plus exacte, vous le comprendrez lors du montage. Il est à peu près certain qu'un grand sentiment de solitude vous envahira, à moins que vous n'ayez envie de balancer un coup de pied rageur dans ce squelette désarticulé. Pas de panique, face à cette structure rectangulaire – deux longueurs et deux largeurs – tenue à la base du lit par une articulation arachnéenne, le secret consiste à toujours tenir relevé le point central du fond du lit, à installer les montants et quand ils sont bien disposés, seulement alors, à appuyer vers le bas pour donner forme au lit. Et inversement pour le replier. Bref, jetez un coup d'œil au mode d'emploi la première fois.

L'achat vous posera moins de difficultés : sobres ou bariolés, les modèles les moins chers sont d'assez bonne qualité. L'arbitrage se fera donc entre le prix et le poids total de la chose.

Enfin, n'achetez pas de sur-matelas même si la tablette du fond vous paraît inconfortable. Les spécialistes estiment en effet qu'il peut être dangereux si, en s'appuyant sur la résille, l'enfant glissait dessous.

Un trotteur

Inutile et déconseillé
Durée d'utilisation : 5 mois, réutilisable
Prix : de 40 à 150 €

Il est étrange que les marques continuent d'en fabriquer, car les trotteurs sont depuis quelques années vilipendés. Pédiatres, professionnels de la petite enfance, tous jugent aujourd'hui qu'il ne faut pas mettre un enfant dans un trotteur. Au Canada même, la « marchette à roulettes » est interdite. Pourtant, vous en avez fait des kilomètres dans votre Youpala orange dont les roulettes crissaient. Et il s'en vend encore beaucoup. Alors pourquoi ? Tout d'abord, les statistiques ont montré que des accidents graves pouvaient survenir. En France, environ un enfant sur trois qui utilise un trotteur est victime d'un accident, dans 80 % des cas bénin, mais dans 20 % grave. Chez les enfants de moins d'1 an, 40,6 % des traumatismes crâniens sont causés par un choc, ou une chute, entraîné par un trotteur. On imagine bien qu'un petit qui maîtrise mal l'objet puisse se cogner à un coin saillant, mais quand il est lancé à pleine vitesse, jusqu'à 2 mètres par seconde, il peut aussi bousculer un objet lourd qui lui tombera sur la tête ou rater la marche…

Au-delà de ce danger, le trotteur est en plus loin d'être bénéfique à l'enfant. Certes, il lui permet de découvrir son monde, de gagner en autonomie, de libérer un peu ses parents. Mais maintenu en position verticale alors qu'il n'en est pas encore capable, souvent un temps trop long, votre petit ne muscle pas sa chaîne dorsale. Ce manque de force lui sera préjudiciable et peut retarder l'acquisition de la station debout sans la béquille qu'est le trotteur.

LES VÊTEMENTS

Après toutes ces interrogations sur la poussette, le siège-auto, le biberon, voici de quoi vous amuser un peu plus sans risquer de vous tromper. Ni y laisser vos économies : deux fois par an, les soldes permettent de faire quelques provisions de vêtements.

Dans cette partie, vous trouverez quelques conseils nécessaires à la future maman pour être « soutenue » dans sa grossesse ainsi que la liste des vêtements dont vous aurez besoin pour votre enfant dans les premières semaines et les premiers mois de sa vie au grand air. À adapter, bien sûr, selon qu'il ou elle sera un bébé d'hiver, de printemps ou d'été.

Les vêtements pour bébé

Faites-vous un peu plaisir : si vous vous y prenez à temps, les vêtements sont les seuls articles pour bébé que vous pouvez trouver bien soldés.

Pour commencer, penchez-vous surtout sur les tailles 1 et 3 mois. En-deçà, votre bébé pourrait ne pas entrer dedans ; au-delà, il peut y avoir un décalage de saison. Si, à la maternité, vous vous apercevez que votre petit minus est plus léger encore que ce qu'envisageait l'échographie, envoyez le papa ou l'une des grands-mères acheter quelques bodys et pyjamas en taille naissance.

Les premières semaines, il vous faut :

- 5 pyjamas, de préférence se boutonnant devant ;
- 10 bodys à manches longues ou courtes selon la saison, à pans croisés, pour ne pas avoir à passer la tête du bébé ;
- 5 pantalons et autant de petits chemisiers – non, un bébé ne passe pas sa vie en pyjama, surtout si vous voulez l'aider à distinguer le jour de la nuit ;
- 2 salopettes en tissu fin et léger (pour éviter les plis désagréables) ;

- 5 à 6 gilets ;
- 1 pilote (combinaison molletonnée intégrale munie d'une capuche) pour l'hiver ;
- 2 bonnets ;
- 6 paires de chaussettes (on vous en offrira d'autres) ;
- 4 bavoirs (idem).

Inutile d'acheter des chaussures, non plus qu'un maillot de bain ou des robes pour les petites filles, c'est bien trop tôt. Et pensez que l'on vous offrira pas mal de choses…

Liste pour la maternité

Si vous ne l'avez déjà récupérée dans votre dossier d'inscription, on vous remettra bien vite une liste des affaires à apporter à la maternité pour votre accouchement et votre séjour. En la confrontant avec celles de vos amies qui ont accouché ailleurs, vous pourrez noter des différences. Celle que nous vous proposons ici confronte la liste-type à l'avis de plusieurs mamans.

En plus de préparer votre sac quelques jours à l'avance, vous pouvez aussi programmer d'aller chez le coiffeur – vous n'aurez pas le temps immédiatement après votre sortie de la maternité –, de vous épiler les jambes – ce serait tellement dommage d'avoir la peau velue en salle de naissance – et d'aller chez une esthéticienne pour un maillot plus qu'échancré, pour éviter le coup de rasoir infirmier en cas de césarienne.

Dans un étui :

- votre carte de groupe sanguin
- votre carte Vitale et de mutuelle
- votre dossier médical avec les fameuses « étiquettes »
- un stylo
- un carnet de notes
- votre chargeur de téléphone
- 30 euros en pièces et billets

Pour la salle de naissance :

- un brumisateur, petit format, pour trois vaporisations désaltérantes de-ci de-là
- un appareil photo
- de quoi lire et écouter de la musique si le bébé se fait attendre
- un plaid propre
- un body croisé et un pyjama pour bébé, une paire de chaussettes, un bonnet doux et une petite couverture propre

Pour votre séjour (environ quatre jours, six en cas de césarienne) :

- une culotte par jour et une par nuit
- des chaussettes
- des chaussons et/ou des tongs pour la douche
- trois pyjamas ou chemises de nuit avec leggings
- deux gilets enveloppants
- un pantalon de grossesse propre pour la sortie ou un pantalon tout simple deux tailles au-dessus de votre taille habituelle ; l'essentiel est que vous vous sentiez bien, certainement pas d'essayer de rentrer tout de suite dans votre jean-étalon ;
- un à deux hauts par jour, dont un joli pour les photos
- deux soutiens-gorge d'allaitement (voir page 47)
- un pantalon fluide en jersey pour les couloirs
- une étole chaude ou un paréo selon la saison

Votre trousse de toilette :

- un savon au parfum agréable, mais pas trop fort
- un tube de crème très hydratante
- votre déodorant
- une brosse à dents et du dentifrice
- une petite brosse à ongles
- une lime à ongles
- du shampoing

- votre sèche-cheveux, pour les cheveux et les cicatrices
- un thermomètre
- des mouchoirs en papier
- un peigne
- une grande serviette de bain pour vous, deux petites pour que vos visiteurs se lavent les mains avant de toucher le bébé
- trois sacs pour donner le linge sale au papa
- la veilleuse de bébé qui évitera d'allumer les néons violents de la chambre pour nourrir votre enfant la nuit
- quelques sachets d'un thé que vous appréciez pour remplacer le jus infâme du matin
- un ou deux livres, et pas de pédo-psychiatrie

Pour le séjour de bébé :

- six à huit pyjamas, soit la totalité de ceux que vous aviez achetés (comptez deux par jour, que le papa peut laver, sécher à la maison et rapporter)
- autant de bodys croisés
- une turbulette
- la couverture pour les balades (voir plus haut)
- trois paires de chaussettes
- un bonnet
- six langes en tissu (lavés après achat)

- un jouet dont il n'aura que faire, pour habiter un peu le berceau
- des couches taille 1 et du coton (souvent fournis par la maternité)

Guide des tailles

Pour les vêtements :

Âge	Poids moyen	Stature
Grand prématuré	2 kg	40 cm
Prématuré	2,5	45
Naissance	3,3	50-51
1 mois	4	54
3 mois	5 à 6	60
6 mois	7 à 8	67
9 mois	8 à 9	71
12 mois	9 à 10	74
18 mois	11	81
24 mois	12	86
36 mois	14	94

Pour les chaussures :
On mesure la longueur du pied de l'arrondi du talon au bout de l'orteil le plus grand.

Longueur en cm	Pointure
10,3 cm	17
11	18
11,6	19
12,3	20
13	21
13,6	22
14,3	23
15	24
15,6	25
16,3	26
17	27
17,6	28
18,3	29
19	30

Pour les bonnets et chapeaux :

Tour de tête	Taille
42 cm	3 mois
44	6 mois
46	9 mois
48	12 mois
50	18 mois

Une turbulette

Indispensable
Durée d'utilisation : selon la croissance de l'enfant
Prix : de 25 à 80 €

Turbulette vient du mot « turbulent », c'est dire la fonction de ce vêtement qu'on appelle aussi gigoteuse. Il s'agit d'un sac de couchage à bretelles. Tenu bien au chaud, votre bébé ne risque pas de se couvrir la tête et donc de s'étouffer. Il ne faut pas choisir une turbulette trop grande qui lui escaladerait les oreilles et qui s'entortillerait au premier mouvement. Ce n'est pas un hasard si ces choses-là ont, comme tous les vêtements, des tailles. En revanche, vous vous rendrez vite compte que l'échelle de mensuration – naissance, 1 mois, 3 mois, 6 mois, 9 mois, 12 et 18… (voir page 125) – peut varier selon les marques. Une chose est sûre : la taille naissance (50 cm) convient le premier mois à un bébé petit ou prématuré, deux semaines à un bébé dans la moyenne, et pas du tout à un bébé de 51 cm et plus. Vous pouvez donc directement prendre du 1 mois.

Les gigoteuses d'hiver doublées d'ouatine sont bien chaudes ; les gigoteuses d'été, plus légères, sont en jersey de coton ou en bouclette éponge. Un coton sera toujours plus doux pour un bébé. Le motif, la couleur, d'éventuels dessins restent à l'appréciation de vos goûts. Vous pouvez aussi, pour cet achat-là, offrir à votre enfant une « pièce de créateur » : il existe une foule de stylistes qui proposent, sur Internet et dans certaines boutiques, des turbulettes extrêmement jolies fabriquées en quantité très limitée.

De la lessive pour bébés

Inutile
Durée d'utilisation : 25 à 40 lavages annoncés par bouteille
Prix : de 4,50 € à 11 €

Les industriels ont mis sur le marché des lessives liquides « bébé friendly », plus coûteuses que les détergents classiques. Plutôt que de tomber dans un traquenard commercial, l'occasion se présente de réfléchir à votre manière de faire les lessives de la famille. En premier lieu, dites-vous qu'à moins que l'un de vous deux ne soit allergique à une lessive, ne se gratte frénétiquement quand il enfile un tee-shirt propre, ou, pire, ne se couvre de plaques d'eczéma, vous ne souffrez pas d'un tempérament allergique à transmettre à votre chérubin. À ce stade, choisir une lessive hypoallergénique, c'est déjà céder à la séduction du vocabulaire : y a-t-il une lessive estampillée « irritante » ?

Puis simplifiez la corvée : d'abord en lavant vos vêtements et ceux de bébé ensemble, ensuite en optant pour une lessive sans phosphates, pour minimiser les rejets dans les nappes phréatiques. Réduisez la dose préconisée sur la boîte ou la bouteille. À la place de l'assouplissant, versez un bouchon de vinaigre blanc de ménage, pas plus, il donnerait son odeur un peu piquante au linge.

Astuce : faites tremper les bavoirs et les habits souillés dans de l'eau froide jusqu'au moment de les mettre dans la machine, pour ramollir les saletés. Prélavez les taches – sauf de sang et de fruits – au liquide vaisselle neutre au dernier moment.

Le soutien-gorge pour la grossesse

Indispensable
Durée d'usage : quelques mois, réutilisable lors des grossesses suivantes
Prix : De 20 à 150 €

Au cours de la grossesse, votre poitrine va gagner en volume et la dentelle pour la vêtir va devoir changer trois à quatre fois de taille. C'est de loin, la coquetterie aidant, la première dépense d'une femme enceinte. Les vendeuses des boutiques de lingerie sont souvent de bon conseil, rien n'empêche d'aller essayer avec elles puis de se rendre en grande surface pour acheter moins cher. Mais elles aident les femmes enceintes à comprendre une chose essentielle : on a beau avoir 30 ans, on n'a jamais su choisir un soutien-gorge à sa taille !

Pour un bon soutien, il convient de choisir un modèle doté de bretelles larges et réglables. La baleine des balconnets ne doit pas empiéter sur le sein mais l'entourer du creux du plexus à l'aisselle. À l'essayage, ne vous précipitez pas, attendez quelques minutes : si les élastiques laissent des marques rouges sur la peau, changez de taille. Serrer n'est pas soutenir.

Astuce : les spécialistes conseillent de laver sa lingerie à la main mais si vous n'avez pas le temps (ou l'envie !), investissez dans un filet de lavage. Votre soutien-gorge sera ainsi moins maltraité à l'essorage, et les attaches n'iront pas effiler votre joli tee-shirt en maille.

Des bas de contention, et autres vêtements de grossesse

Très utiles voire indispensables
Durée d'usage : bien au-delà de la grossesse
Prix : de 25 à 35 €

En temps normal, on peine déjà à avoir la jambe fine et racée d'une danseuse du Crazy Horse, celle dont on rêve devant les silhouettes photoshopées. Pendant la grossesse, les hormones, les kilos et le calme qu'on s'impose n'aident pas le retour veineux à se tenir à carreau. Trois paires de chaussettes ou mi-bas de contention, à acheter avec ou sans ordonnance (un phlébologue peut vous en prescrire deux paires, remboursées), vous soulageront. Pouah, beurk, c'est pour les mémés ? Heureusement, la mode s'est entichée de cet accessoire de grand-mère et il existe désormais des couleurs plus chics que le « chair pour bénitier », rebaptisé « écureuil » et même des motifs à damier. Si, juré ! Certaines marques font même des modèles de bas auto-fixants presque sexy.

Pour couvrir vos ravissantes nouvelles chaussettes, vous pouvez alterner entre les pièces les moins moulantes de votre garde-robe et quelques achats : trois pantalons de grossesse (deux jeans et un pantalon noir), trois robes ou jupes de grossesse, quelques chemisiers et tee-shirts bien taillés pour les bidons ronds sur lesquels vous porterez l'un de vos gilets ou une jolie veste qui n'a pas besoin d'être fermée. Un trench ou un manteau large selon la saison. Un maillot de bain à empiècement n'est nécessaire que si vous n'assumez plus votre deux-pièces. Et fouillez dans votre collection de foulards et paréos, ils se nouent très facilement sur un nombril débordant…

L'ÉVEIL ET LES JOUETS

Jouer est vital à l'enfant, pour son équilibre et son bon développement. Mais prenez votre temps pour ce chapitre, nul besoin de piles de cubes et de peluches rebondies lors des premières semaines de votre enfant. Même le sacro-saint doudou, il ne s'y intéressera que vers 4 mois pour s'en libérer vers ses 6 ans.

L'autre raison de ne pas vous précipiter est qu'on vous offrira beaucoup de jouets. Vous-même, quand vous allez dîner chez des amis… ce n'est plus un bouquet que vous apportez à la maîtresse de maison depuis qu'elle est maman, mais une pile de livres ou un hochet musical.

Si vous avez des envies précises, n'hésitez pas à passer le mot : pas de plastique ou pas de jouet à piles. Après tout, c'est votre enfant, c'est vous qui choisissez.

Un doudou

Utile
Durée d'utilisation : environ 5 ans, absolument inutilisable pour un second enfant
Prix : de 10 à 35 €

Durant sa première grossesse, Prune et son mari ont traîné dans leurs affaires un petit chien en tissu avec une tache orange sur l'œil et des oreilles en T. À tour de rôle, c'était à celui qui cacherait le jouet dans les vêtements ou les chaussures de l'autre. Pendant les premiers mois où ils n'en parlaient à personne, ce doudou a représenté leur futur enfant. Puis le secret éventé, ils ont continué ce geste complice qui les préparait à devenir parents.

Il y a peu de temps que le doudou s'est installé dans nos pensées de parents comme indispensable à l'assurance de l'enfant. Un enfant sur quatre, environ, n'en ressent pourtant pas le besoin. Pour les autres, le doudou est un objet « structurant », un point de repère, qui lui permet de faire la transition entre les débuts de sa vie où il croit toujours faire un avec la mère, et les débuts de l'individualité.

À la naissance, votre enfant n'a pas besoin d'un doudou. Il ne lui accordera pas un regard, tout occupé qu'il est à des choses essentielles : apprendre la vie au grand air, les bruits, les visages. Si vous en achetez un, plus pour tromper votre impatience et « meubler » le berceau transparent de la maternité, ne le prenez pas en double comme on le conseille souvent : rien n'indique que votre bambin adoptera ce doudou-là. C'est aux alentours de 4 mois que les enfants se saisissent de cet objet. Certains enfants préfèrent suçoter un vieux lange, d'autres traînent une couverture polaire de grande taille, d'autres encore en ont trois, quelques-uns préfèrent tournicoter une mèche de cheveux ou plier leur oreille.

Vous pouvez cependant essayer d'influencer son choix : un enfant choisit en général un objet de réconfort qui se trouve à proximité de son lit. Vous pouvez donc en placer quelques-uns, ni trop petits, ni trop gros, ni musicaux ni lumineux, au pied de son lit, en espérant qu'il jette son dévolu sur l'un d'eux. Une fois qu'il l'aura fait, il vous faudra agir vite pour acheter son jumeau. Prenez bien soin de faire « tourner » ces deux doudous et de les laver à intervalles réguliers, autant pour l'hygiène que pour essayer tant bien que mal d'avoir une usure des couleurs et de la matière à peu près équivalente. On peut faire croire bien des choses à un enfant, mais on peut difficilement le duper sur son doudou. L'odeur est un puissant indice. Et s'il comprend qu'il y a un doudou de secours, il vous le demandera, et ce ne sont pas deux mais quatre exemplaires qu'il vous faudra trouver.

N'en achetez pas pour autant un stock : vos amis et vos proches vous en offriront. Car c'est un cadeau de naissance facile à choisir – ils sont tous assez jolis –, peu cher et très pratique à expédier par courrier.

Et essayez le plus tôt possible de réserver le doudou aux temps de sommeil. Si votre enfant prend l'habitude de l'avoir avec lui en permanence, vous multipliez les risques de l'égarer…

Un mobile musical

Utile
Durée d'utilisation : 2 ans, réutilisable, occasion possible
Prix : de 20 à 130 €

En la matière comme en d'autres, le mieux est l'ennemi du bien. Vous vous rendrez rapidement compte que la recherche d'un mobile pour qu'une douce berceuse accompagne l'assoupissement de l'enfant peut tourner au parcours du combattant. Choix de musique, volume sonore, personnages montant et descendant sur des lianes rigides, télécommande, etc. Le sommeil est une telle richesse qu'on peut être tenté d'investir beaucoup, pour un résultat décevant. Parlez-en à des médecins, ils vous diront : « non, sans intérêt ». Parlez-en aux mamans, un regard complice s'allumera. Car la musique dans sa chambre peut vraiment aider bébé à focaliser sur autre chose que cette seule pensée : « on m'a laissé seul dans ma chambre ». Puis, hypnotisé par la mélodie, il pourra s'endormir tranquillement.

Pour bien choisir, préférez donc un modèle simple sans tableau de bord à piloter, ni de hochet à agiter (rappelez-vous qu'une dizaine de mois après sa naissance, votre enfant se mettra debout dans son lit, vous lui donneriez alors un chouette jouet à agiter pour ne pas dormir). Si la chose envoie des faisceaux lumineux, qu'ils soient très faibles. Priorité à la musique qui doit être très légère, ne vous fiez pas au niveau sonore dans l'environnement bruyant d'un magasin. Elle durera 15 à 20 minutes, pour éviter d'avoir à rentrer dans la chambre pour remonter le coucou. Ne cédez à l'option onéreuse de la télécommande que si votre parquet craque plus que de raison.

Une arche et/ou un tapis d'éveil

Utile
Durée d'utilisation : 8 à 12 mois, réutilisable
Prix : de 20 à 60 €

Les arches d'éveil sont des ensembles de jouets à adapter sur le transat, la poussette, le siège-auto. En règle générale, ils forment un trio : le jouet doux, le jouet bruyant avec un papier à l'intérieur qu'on entend se froisser ou un soufflet que l'on actionne et un jouet réfléchissant avec un sticker miroir.

C'est avant tout le mouvement qui attire le regard d'un nourrisson, il ne s'intéresse qu'après à la forme et aux couleurs des personnages. Dans un premier temps, vous pouvez donc n'acheter qu'une arche, que vous installerez selon le besoin sur la poussette ou le transat. D'autant qu'il est encore trop petit pour tendre les bras et essayer d'attraper ces amis.

Il s'en amusera beaucoup par la suite, et aura même envie de les suçoter, comme tout le reste. Assurez-vous donc que les jouets sont amovibles et lavables.

Même principe pour le tapis : vous poserez l'enfant sur le dos, bien calé sur un tissu doux, et il pourra saisir les petits objets qui pendent au-dessus de lui, ou ceux qui sont cousus à même le tissu. Avec un peu d'imagination, vous pouvez le bricoler vous-même, à condition de ne pas utiliser de boutons pour les yeux des personnages, ni de pièces si petites qu'elles pourraient être avalées.

Des livres

Utiles
Durée d'utilisation : 4 à 5 mois, réutilisable
Prix : de 6 à 45 €

Il ne s'agit évidemment pas de faire lire Jules Verne aux nouveau-nés mais, à ce stade de la prime enfance, de les amener à manipuler des objets et à toucher différentes matières. Les livres d'éveil, en premier lieu, sont en tissu, velours, éponge ou coton. Doux, colorés, ronds, les personnages des livres d'éveil sont très joyeux. On les découvre en tournant trois pages, le maximum pour ces ouvrages. Les bébés aiment à tourner, tirer, tortiller, arracher.

Comme pour les turbulettes, on peut dénicher sur le Web des petites merveilles faites à la main par des créatrices talentueuses, et pour pas très cher. Naviguez un peu sur Internet avant de craquer sur le livre de la grande distribution. Ou, si vous êtes couturière, vous pouvez peut-être vous lancer vous-même. L'idée étant de varier les activités, les couleurs et les motifs.

Les livres de bain sont en plastique. Votre enfant le manipulera, le retournera dans tous les sens, tournera les pages, le refermera, le mettra sous l'eau. N'hésitez pas, pendant ce temps, à lui raconter ce que fait le personnage, s'il est heureux, s'il se baigne, mange ou dort, ce sont des fils que vous tissez tranquillement, lors d'un moment particulièrement agréable pour l'enfant. Les livres cartonnés à pages épaisses sont aussi très bien, parfois un peu baveux à force d'avoir été mis en bouche.

Astuce : faites sécher les livres de bain ouverts sur la tranche en éventails, pour éviter les moisissures.

Un hochet

Utile
Durée d'utilisation : quelques mois, réutilisable
Prix : de 5 € à 375 €

Le hochet est le plus ancien des jouets. On le doit probablement à un contemporain de Platon (quatre siècles avant notre ère) qui l'inventa pour distraire ses enfants. Le hochet est un objet assez petit pour tenir dans la main des enfants, en terre cuite, porcelaine, métal ou plastique, avec un grelot inaccessible, qui tintinnabule lorsqu'on l'agite. Du hochet en plastique assez grossier à la pièce d'orfèvre en argent, il en existe tant et pour toutes les bourses.

L'excès n'est pas nouveau. En 1762, le philosophe Jean-Jacques Rousseau s'emporte : « On ne sait plus être simple en rien, pas même autour des enfants. Des grelots d'argent, d'or, du corail, des cristaux à facettes, des hochets de tout prix et de toute espèce : que d'apprêts inutiles et pernicieux ! Rien de tout cela ; point de grelots, point de hochets ; de petites branches d'arbre avec leurs fruits et leurs feuilles, une tête de pavot dans laquelle on entend sonner les graines, un bâton de réglisse qu'il peut sucer et mâcher, l'amuseront autant que ces magnifiques colifichets, et n'auront pas l'inconvénient de l'accoutumer au luxe dès sa naissance » (*). Ses imprécations resteront vaines, on n'offre toujours pas de tête de pavot à un enfant, heureusement. Réservez l'argent massif à la décoration, et pour ceux en plastique, vérifiez sur l'étiquette qu'ils ne contiennent pas de bisphénol.

(*) *Émile, ou De l'éducation.*

Sécuriser sa maison

Utile
Durée d'utilisation : deux ans, réutilisable
Prix : compter 25 € pour un premier budget

L'enfant qui va arriver à la maison n'est pas encore capable de se déplacer, d'ouvrir les placards ni de mettre les doigts dans les prises. Inutile, au nom d'un idéal de perfection, de transformer tout de suite votre intérieur en chemin pavé d'embûches, pour lui comme pour vous. Attendez un peu. D'abord parce que certaines mutuelles, pour saluer la naissance d'un enfant, offrent un panier de produits comprenant cosmétiques et accessoires de sécurité. Ensuite parce que vous avez le temps d'organiser les choses. Ainsi préférez-vous bloquer l'accès aux produits ménagers avec un loquet souple dont les adhésifs laisseront d'improbables marques grisâtres sur votre porte de placard, ou leur trouver un rangement en hauteur ? De même, un clapet doit-il tenir (très) fermement clos le capot de la cuvette des toilettes ou la porte peut-elle être simplement fermée ?

Tous les enfants ne sont pas des diables, certains enfants apprennent vite qu'il ne faut pas glisser les doigts mouillés dans les prises. En revanche, ne mégotez pas sur les protège-coins, surtout à hauteur de tête, et sur les systèmes de freinage des tiroirs.

Si votre progéniture adore ouvrir les placards de la cuisine, dédiez-lui pendant quelques mois le placard bas le moins dangereux avec trois boîtes en plastique, des bouteilles vides et des couverts en plastique. Vous verrez que, leur curiosité rassasiée, avec le plaisir de faire comme maman ou papa, ils n'iront plus fureter un peu partout.

INDEX

•

REMERCIEMENTS

•

À Ninon et Gaspard pour le soleil de chaque jour, à leur papa ;
À Olivia, qui a déballé son grenier pour remplir le coffre de ma petite voiture, à son sens de l'humour devant les « choses de la maternité » ;
Aux docteurs Claude Cathlin, Patricia Certes, Joseph Derhy, Christine Vahdat, à Marie-France Loche et Jordane Portella. Leurs réponses à mes questions les plus saugrenues m'ont libérée de bien des doutes ;
À Mémounati et à l'équipe de la PMI Adelaïde-Lahaye de Bagnolet pour leurs conseils simples et avisés ;
Aux vendeurs qui, sans le savoir, ont servi cette enquête ;
Aux marques qui ont répondu à mes appels en sachant qu'elles ne seraient ni citées ni particulièrement bien traitées ;
Aux mamans femmes-orchestre, aux papas nouvelle génération, à leur tendre et exigeante progéniture.